江戸時代の旧国マップ

旧国	陸奥	出羽	越後	佐渡	上野	下野	常陸	下総	上総	安房	武蔵	相模	甲斐
現都府県	青森・岩手・宮城・福島	秋田・山形	新潟		群馬	栃木	茨城	千葉			埼玉・東京	神奈川	山梨

旧国	信濃	伊豆	駿河	遠江	三河	尾張	美濃	飛騨	越中	能登	加賀	越前	若狭	近江	伊勢	伊賀	志摩	紀伊	大和
現都府県	長野	静岡			愛知		岐阜		富山	石川		福井		滋賀	三重			和歌山	奈良

旧国	山城	丹後	丹波	但馬	淡路	播磨	摂津	和泉	河内	阿波	土佐	伊予	讃岐	備前	美作	備中	因幡	伯耆
現都府県	京都		兵庫				大阪			徳島	高知	愛媛	香川	岡山			鳥取	

旧国	隠岐	出雲	石見	備後	安芸	周防	長門	筑前	筑後	豊前	豊後	日向	大隅	薩摩	肥後	肥前	壱岐	対馬
現都府県	島根			広島		山口		福岡			大分	宮崎	鹿児島		熊本	佐賀	長崎	

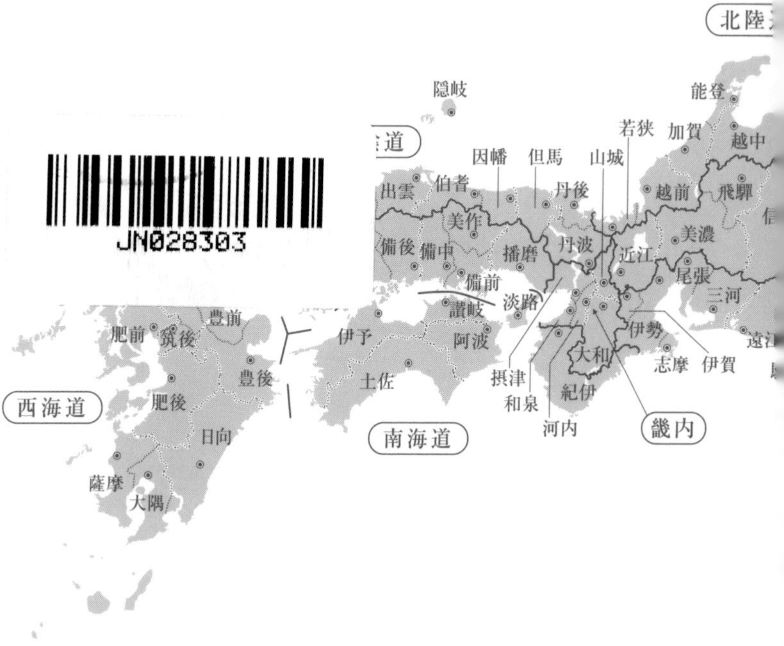

コミック版

逆説の日本史

An Upside-Down History of Japan

Original Concept & Scenario : Motohiko Izawa / Manga : Kiyokazu Chiba

江戸大改革編

［原作・脚本］井沢元彦

［漫画］千葉きよかず

小学館

コミック版

逆説の日本史

江戸大改革編

まえがき

『コミック版　逆説の日本史』シリーズの第一弾「戦国三英傑編」のまえがきにも書きましたが、このシリーズの基本コンセプトなので繰り返し述べておきたいことがあります。

現在の日本のプロの歴史学者は、「史料絶対主義」の人がほとんどです。

史料絶対主義とは、歴史的な資料、つまり特定の時代に具体的に誰が何をしたかについて同じ時代の人間が記録している場合（それが史料になるわけですが）、その史料が証明できることだけを「真実」と認め、他のことは一切排除する、という頑《かたく》なな研究姿勢を意味します。

分かりやすく説明しましょう。例えば、甲と乙という二人の人間がいたとして、乙が一人でいた部屋に甲が入ったとしましょう。他には誰も出入りしなかったのに、甲が去った後、乙が死体で発見された。それも自然死ではなく明らかに他殺体であった、となれば、通常は「甲が乙を殺したに違いない」ということになるはずです。しかし、史料絶対主義者は「史料（証拠）がないから断言できない、あくまで犯人不明という態度をとるべきだ」とおっしゃるわけです。

これが刑事裁判ならその態度は正しいかもしれません。直接証拠がない限り、いかに状況的に見て犯人に違いないと思われても「疑わしきは罰せず」とすべきです。人権を守り冤罪《えんざい》を防ぐために、それは必要なことです。
しかし、歴史は違います。すべてのことに史料が残っているわけではない。むしろ直接証拠が残っていることなど、ほとんどあり得ない。それなら「甲が乙を殺した」と言い切ることはできないまでも、「その可能性は高い」と言うべきです。史料がないからまったく分からない、という態度をとるべきではない。
科学の世界では、こうした「仮説」を立てて、正しいかどうか検証していくのが常道です。ところが、そうした仮説を「史料的根拠がない」と一切排除するのが、日本史の多くの専門学者の態度で、それを彼らは学問的に正しいと思い込んでいます。
そのような学者たちに、もっと仮説を大切にすべきだと訴えてきたのが、私の『逆説の日本史』シリーズです。これは活字本なので、コミック版では絵の特性を生かして、もっと大胆に歴史的事実の隙間隙間に「こうした事実があったと考えられる（仮説）」として、その状況を私が台本に書き、プロの漫画家に絵にしてもらいました。ですから、このコミック版に描かれている歴史ドラマは、読者にとって「初めて見る」ものになるでしょう。
おそらく頑迷固陋《ころう》な史料絶対主義者たちは「このコミックに描かれていることはほとんど史料的根拠がない」という形で、歴史的価値がまったくないと切り捨てるでしょう。
私は、「生きた歴史」を考察するためには、想像力を働かせてもっと仮説を立てていくべきだと考えています。どちらの態度が正しいか、いずれ歴史が証明してくれることになると思いますが、とりあえずは「一度も見たことがない歴史ドラマ」として楽しんでいただければ幸いです。

コミック版　逆説の日本史　江戸大改革編　目次

装幀　泉沢光雄

エピソード1
水戸黄門が辻斬り！「戦国」という時代の本質とは

こんにちは『逆説の日本史』の井沢です。
いよいよ江戸大改革編です。本題に入る前に…

あなたは、
「戦国」という時代の本質を本当に理解しているでしょうか!?

誰に話してるんです？
学生バイト／ユウキ（優希）
君だよ、君！我がいざわ歴史研究所の学生バイトの君だよ！
研究所って言ったって、私達二人だけじゃないですか。
いいの！ほら、戦国時代の本質って何!?
君に聞いてるんだよ。
ん〜〜〜戦国といえば〜
下《げ》克《こく》上《じょう》っ！
つまり弱肉強食、強い者が天下を取るってことでしょ。
間違いじゃないんだけど…
これから君に三つの歴史上の現場を見せるから、
後で、その評価を聞かせてもらおうかな。
何か企んでるでしょ！
ふふん♪じゃあ行こうか。

武蔵《むさし》国　江戸城
上様、お支度が整いましてございます。
スッ

うむ、
出かけると
するか。
ここはどこですか?
出かけるって、
どこへ?
ここは江戸城内、
まだ江戸初期のね。
出かける先は
江戸市中。
先回りしよう。
ういっ
え?

!
満月の夜は要注意！
明るいので待ち伏せには絶好だからね。
待ち伏せ!?
町人、そこへ直れ！
ひゃ〜〜〜っ！お助けを〜！

お見事!!
さすがは
※備前長船《おさふね》!
よう
斬れるのう。
上様の技量が一段と
お進みになられたから
でございましょう。
そうかの。
……
あの人、
上様って…
将軍ですか!?
将軍が辻斬り!?
そう、
三代将軍徳川家光※。
なかなかの腕前だね。
いやいや。
腕前の話じゃ
なくて。

※備前長船：鎌倉・室町時代に備前国長船（現在の岡山県瀬戸内市）を拠点とした刀工による刀剣。長船刀工には名匠が多く、その刀剣は評価が高い。

※徳川家光（1604〜1651）：江戸幕府三代将軍。母は浅井《あざい》長政の娘で織田信長の姪にあたる江《ごう》。

じゃあ行くよ、次はもっとひどいかな、ふふふ。
何か楽しんでませんか？
ヤナ感じ！
ひいいいいい！
江戸 ※浅草寺境内
え？
命ばかりはお助けを〜！
逃げてる五人は本堂の床下にいたホームレスだよ。
あっしら、何も悪いことはしてねえ、死にたくねえ！

※浅草寺：東京都内最古の寺。山号は金龍山。本尊は聖観世音菩薩《ぼさつ》。

ギャアア
うわっ
ひゃあ
……
どうした、早く斬れ！わしはもう二人斬ったぞ！
臆したか！
！
ざっ
許せ！
ぎゃあああ！
お見事！
やるな！

どうだ、これから飲みに行くか！
うむ、こんな日の酒はうまいぞ！
ひどい、なんでこんなことを…
ホームレス狩り、それとも人斬りゲームかな。
先生！
そうそう、最後にホームレスを斬った若侍、君も知ってる人だよ。
※水戸黄門の若き日の姿だ。
うそっ！
ホント。
じゃ次に行こうか。
今度は人は殺されないから。
もう十分、不快なんですけど。
ここはどこ？
江戸初期の薩摩、鹿児島城下だよ。
わっ！

※水戸黄門（1628〜1700）：常陸《ひたち》水戸藩二代藩主・徳川光圀《みつくに》。家康の孫。儒学を奨励し、『大日本史』を編纂《へんさん》。

※島津家久（1576〜1638）：薩摩藩初代藩主。初めは忠恒《ただつね》、後に、同名の叔父がいたが、家康より一字をもらい受け家久と改名。

あれは島津家の当主※島津家久だ。※犬追物《いぬおうもの》の稽古をやってる。
どどど
ビシュ
ギャン！
きゃあ！

※犬追物：騎射三物《きしゃみつもの》（馬上で行なう弓術）の一つで、囲いの中で犬を射る競技。他は笠懸《かさがけ》・流鏑馬《やぶさめ》。

殿、お見事でござる!
一の矢で仕留められましたな。
少し手こずったが、まあよしとするか。
天下に大名多しといえど、かほどの技量をお持ちなのは、殿をおいて他にございますまい。
大名でないそちなら、わしより技量は上ということか?
わははは
め、滅相もございません。
ひどい!
ひどすぎです!
辻斬りにホームレス狩り!動物虐待ですよ!
まあまあ。
とにかく研究所に戻ろう。

で、今見てきた三つの場面、君はどう評価する？
無慈悲だし残酷だし、何ですかあれは！評価も何もないですよ。
つまりあの場面に歴史的意義を認められないってことかな。
認めるわけがないじゃないですか！
やっぱり君は戦国時代の本質を理解してないね。
戦国時代の本質？
いいかい、君の言う「辻斬り、ホームレス狩り、動物虐待」は、戦国時代、武士の世界では褒《ほ》められることだった。
武士なら大いにやるべしとされたいいことなんだ。
え――――っ!?
罪もない人を斬り殺すことがですか？

その通り。
分かるように説明してあげよう。え〜と…
これ何に見える？
包丁には見えませんけどね！
そ、ゴルフのパター。
ゴルフはクラブという道具を使うスポーツ。
では、ここに二人のプロゴルファーがいるとしよう。
二人の意見は対立している。
オレは天才だ。だから練習なんて必要ない。「弘法筆を選ばず」という諺もある。
オレならぶっつけ本番の試合でも、このパターを使いこなし上位に食い込んでやる。
何を言ってんだ。どんな天才だって、道具は徹底的に練習しなければ使いこなせない。
練習しないで本番に出るなんてプロとは言えない。

ユウキ君なら、どちらのプロを支持する？
決まってます！後者の「練習なしに本番なし」の方。
だろうね。じゃあ…
これならどう？
お！
大丈夫、ジュラルミン製の模造刀だよ。
二人の戦国武将がいるとしよう。二人の意見も対立している。
拙者は戦上手と言われておる。刀も弓も稽古など要らぬ。弘法筆を選ばずじゃ。
いくらでも戦場で手柄をたてようぞ。
それは心得違い。道具は稽古してこそ身につく。刀なら日頃から斬れ味を確かめておくものじゃ。
戦場は命のやりとりの場、人斬りに慣れておかねばの。
……
パターと刀の違いはあるけど…どっちも練習しておかなきゃってことは…

分かったかな？
戦国時代、刀剣・弓馬の鍛錬は心掛けのよい武士のやる、褒められるべきことだった。
で、でも、無防備な人を斬って稽古になるんですか？
逆に考えてよ。無防備な人さえ斬り殺せない武士が、戦場で鎧兜に身を固めた武士を斬れるはずがない。
辻斬りは基礎練習、野球のキャッチボールのようなもの。できなければ「臆病者」と呼ばれ、武士として生きていけない。

だから黄門さまも斬っちゃったんだ。TVドラマのイメージと違う…
当たり前か。
老年になってからの※懺悔《ざんげ》録にあのエピソードが載ってる。さすがに寝覚めが悪かったんだろうね。
さて、戦国時代が終わって平和になった江戸時代、幕府そして徳川将軍家に課せられた政治課題が見えてきたんじゃないかな。
えーと、平和の永続を目指すってことですよね。
そうだけど、そのためには具体的にどうすればいい？
どうすればって、大名から人質を取ったり参勤交代させたり。
反乱が起きないようにする、みたいな…
ここはもっと教育面、文教政策に注目してみて。
ブンキョウ？
要するに、辻斬りとか犬追物とか、野蛮な行為を根絶させることが必要だろ。

※懺悔録：井上玄桐《げんとう》『玄桐筆記』のこと。晩年の水戸光圀の述懐を聞き書きしたもの。

つまり、武士の意識革命が成功したからこそ、君も今、それらを野蛮な行為だと怒ってるじゃないか。
戦国時代が終わって、自然に変わったんだと思ってた。
ははは、それは大誤解。
歴史解釈は、当時の社会常識を理解しなきゃね。
でも、当時の社会常識に無知な人が多いんだ。
じゃ、この件に関して今度は二人の消防士を例にしよう。
また対立してるって話ですか。
それ、もういいです。
……
あっそ、武士の心得の話なんだけど…

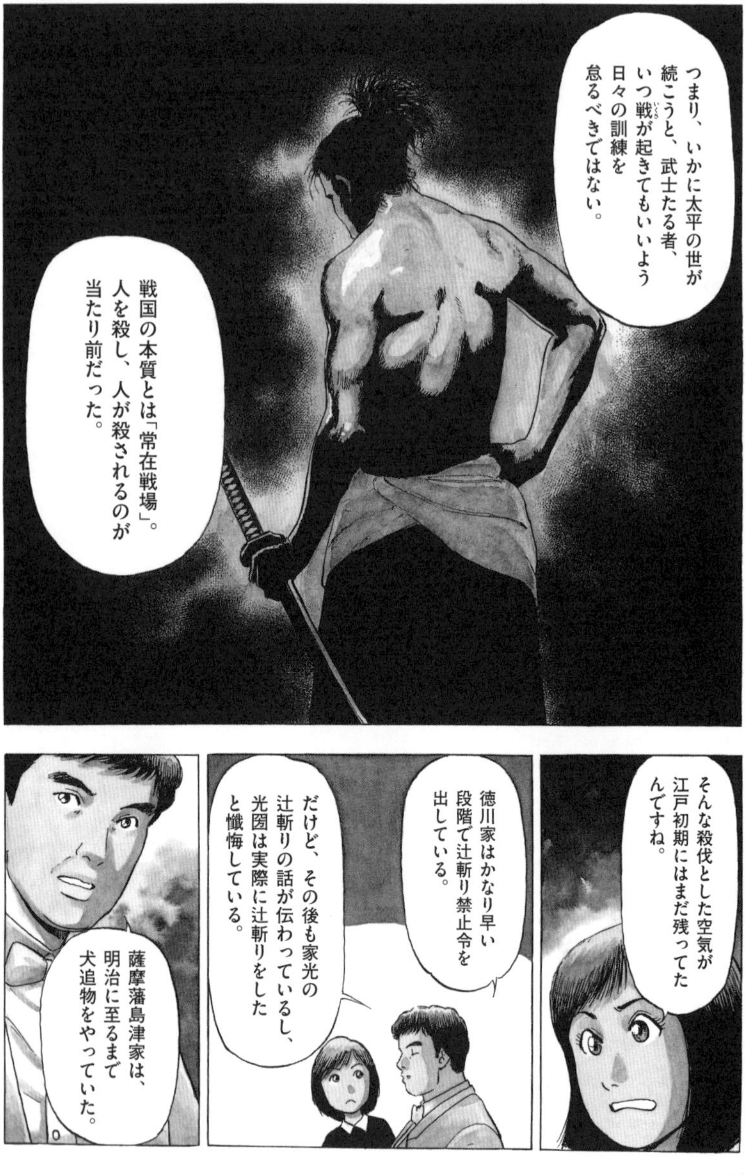
つまり、いかに太平の世が続こうと、武士たる者、いつ戦《いくさ》が起きてもいいよう日々の訓練を怠るべきではない。
戦国の本質とは「常在戦場」。人を殺し、人が殺されるのが当たり前だった。
そんな殺伐とした空気が江戸初期にはまだ残ってたんですね。
徳川家はかなり早い段階で辻斬り禁止令を出している。
だけど、その後も家光の辻斬りの話が伝わっているし、光圀は実際に辻斬りをしたと懺悔している。
薩摩藩島津家は、明治に至るまで犬追物をやっていた。

武士の心得とか言われたら、やめさせるのは難しいかも。
でも、幕府はこの困難な課題を見事に成し遂げた。
天才的な政治家がやめさせたんだよ。
政治の天才?
紛れもなく天才だね。
だって武士という武士が正しいと思っていた常識を百八十度変えたんだから。
変えさせるための政策立案力、それを実現させた実行力、政治家として超一流だ。
しかも実現したのは生命を尊重するという素晴らしい習慣、大政治家にして名君と呼んでも差し支えない。

ん？
でも、そんな人いましたっけ？
紛れもなく存在した。しかも、君は絶対にその名前を知っている。
え？
ただし、君はその人物をとんでもないバカ殿、徳川将軍の中でも最低の人物だと思っているかもしれない。
ヒントは犬追物の「犬」。
あ〜！
犬で将軍と言えば…まさか、あの人!?
そう、その「まさか」の犬将軍だよ。

エピソード**2**

「犬公方」徳川綱吉は天才政治家だった

う〜ん
あの犬公方《いぬくぼう》と呼ばれた※徳川綱吉が、天才政治家って…ホントなんですか?
そうだよ。
殺伐とした戦国の気風が残っていた江戸前期、人殺しが当たり前という人々の意識を変革した大政治家だよ。
綱吉は生類憐《しょうるいあわれ》みの令を出した将軍ですよね。納得いかないんですけど。
どうしてそう思うの?
だって高校の時…
じゃあ、
行ってみよっ!
え?

※徳川綱吉(1646〜1709):江戸幕府五代将軍。在職1680〜1709年。三代将軍家光の四男。

ん？
現代？
三年前のね。
え？
もしかして、
私が通ってた
学校？
そっ、
あそこにいる
ＪＫが…
あ〜〜〜
私だっ！
ムフフ。
制服♡
オヤジィ〜
豊臣が滅びてから七十年、
政治の安定と経済発展を
背景として、武士から
庶民に至るまで、
文芸・学問・芸術が
著しく広がり、
いわゆる元禄文化が
花開きました。

※井原西鶴・※松尾芭蕉・※近松門左衛門が活躍したのがこの時代ですね。
しかし政治面では、五代将軍徳川綱吉が天下の悪法と言われる生類憐みの令を出したのもこの時代です。
襲ってきた犬を斬り捨てて死罪、病馬を遺棄したとして流罪、人より動物の方が大事にされました。
犬以外も含め、殺生を禁じた生類憐み政策は慈愛の政治という一面もありますが、
大多数の人々にとって行き過ぎた動物愛護の法令は迷惑そのもの。
特に、幕府直轄の犬屋敷の維持費を負担させられた江戸の町人や関東の農民には大ヒンシュクでした。
——って、ユウキ君は教えられたんだよね。
そうですけど！
じゃ、研究所に戻ろう。
え？その確認のためだけ？
何しに来たんだか。

※井原西鶴（１６４２〜１６９３）：江戸前期の浮世草子作者・俳人。『好色一代男』『本朝二十不孝』『日本永代蔵』など。

※松尾芭蕉（１６４４〜１６９４）：江戸前期の俳人。『野ざらし紀行』『笈の小文』『奥の細道』など。

※近松門左衛門（１６５３〜１７２４）：江戸中期の浄瑠璃・歌舞伎作者。『国性爺合戦《こくせんやかっせん》』『曽根崎心中』『心中天網島』など。

やっぱり天下の悪法を出した綱吉が天才政治家なわけないですよ〜。犬屋敷まで造ってるし。
一番大きな中野の犬屋敷で東京ドーム二十個分。集められた野犬の数は、「十万頭に及ぶ」と※『徳川実紀《じつき》』に記されているね。
無茶苦茶広いし、そんなに犬がいたんだ？
すご〜い。
一年間の維持費は約十万両。
それを江戸の町人から徴収って、ひど〜い。
うん。
中野の他に、喜多見・大久保・四谷にも犬屋敷はあった。
どう考えても江戸庶民を苦しめた悪法ですよね。
どうして天才政治家なんですか？
生類憐みの令を出したから。
はあ？

※『徳川実紀』：江戸幕府が編纂した徳川家の歴史書。

確かに生類憐みの令は悪法として知られているけど、
実際の内容はほとんど理解されていないのが実情。
高校の日本史の教科書にも「行き過ぎた動物愛護の命令は迷惑」とか、
その史料集にも「綱吉が戌《いぬ》年生まれであったため、犬が大事にされ、人々を苦しめた」とか未だに書いてあるしね。
でも、バカ将軍と呼ばれても仕方ないと思いますけど。
よく考えてごらん。
綱吉の治世は三十年、その間に百三十五回も生類憐みに関する法令を出している。
綱吉が本当にバカなら、なぜ何十年も政権を維持できたんだろう?
それは、将軍の権力が絶対だったからです。
じゃ、改めて聞こう。
名政治家の条件って何だと思う?
えーと、政策を実現する力、実行力かな。

そう、大反対された政策を実現したんだから実行力は超一流、それだけじゃなく政策立案能力もある。
そもそも生類憐みの令、つまり「犬を殺したら死刑」というアイデアがすごいじゃないか。
えーっ、無茶苦茶でしょ!
動物愛護は分かりますけど、行き過ぎですよ。
じゃあ百歩譲って、
なぜ生類憐みの令を出したんですか?
結論から言えば、綱吉は戦国以来の殺伐とした社会風潮を改め、文治国家に変えたいと願っていたから。
三代将軍家光は、江戸城で大名達が初めて謁見した時…
余は生まれながらの将軍である。

不満のある者は国元に帰り、戦支度をせよ。
と言ったとか。
家光の時代になってもまだ、大名や庶民を武力で押さえ込もうとしていた。
武士も町人も何かモメ事があると喧嘩や殺し合いで解決する風潮がずっとあった。
だから綱吉は、泰平の世を創り出すためには武士の意識改革が必要だと考えた。
儒教にある仁愛の政治、「仁政」でね。
ジンセイ…え〜と、「仁政」。
恵み深い、思いやりのある政治…か。

じゃあ武家諸法度って知ってる?
え?
ブケショハット…ん〜と。
歴史用語
将軍直令の幕府法、武家に対する命令・禁止のルールです!
江戸期を通じて何度も発令されたんだけど、
次の三つのうち、どれが綱吉の武家諸法度だと思う?
それぞれ出だしの一文だけどね。
○元和の武家諸法度
「文武弓馬の道 専ら相嗜む事ー」
○寛永の武家諸法度
「大名 小名 在江戸交替、相定る所也ー」
○天和の武家諸法度
「文武忠孝を励まし 礼儀を正すべき事ー」
一つだけニュアンスが違ってるだろ?

天和《てんな》の武家諸法度？
正解！
順番に元和《げんな》は秀忠（家康）、寛永は家光。
○寛永の武家諸法
「大名 小名在
○天和の武家諸法
「文武忠孝を励
天和は、「忠孝」とか「礼儀」とか、明らかに朱子学の影響を受けている。
でも、人間どころか動物を殺しても死刑って、問題が多いと思うんですけど。
ノンノン。
そういうトンデモ法だからいいんだよ。
？
肝心なことを忘れてない？
問題にしているのは「いかにして意識を平和へと切り替えたか」ということ。
自然になったんじゃないってことですよね。
そう。歴史学者も含めて実に多くの人が「戦国時代が終わった」から即平和が実現したと思っている。
戦乱の時代が終わって庶民は喜んだかもしれない。だけど武士は戦士だ。

心は常在戦場。人殺しの腕は磨いておかねばならない。
この武士の心が変革されない限り本当の平和は確立できないんだ。
でも人の心は簡単には変われない。
実際に生の声も聞いておこうか。
はい。
グツ
グツ

あっ、何か いい匂い。 ここは?
元禄時代、 冬の江戸郊外だ。 野稽古帰りの侍が 猪鍋をつついてる。
それにしても 御当代の公方様は 何を考えて おられるのか。
生き物を一切 殺してはならぬ だと。
これでは犬追物も 鷹狩りもできぬ ではないか。
武士の鍛錬が まったくできぬ。
こんなに美味い 猪鍋も食えぬ ということか?
しっ、声が 高い。お咎《とが》めを 受けるぞ。
言わせてやれ、 ここなら 目付もおらぬ。
公方とは何だ、 征夷大将軍はすべての 武士の棟梁ではないか。
武士とは何だ、 心は常在戦場、 戦があれば 敵の大将の首を 取らねばならぬ。

何も殺してはならぬでは、技量の磨きようがない。
まったく！御当代は武士の心が分かっておらぬ。
稀代の暗君と呼ぶべきだな、悪い時代に生まれたものじゃ。
そこまでにせよ。誰ぞに聞かれたら切腹ものだ。
こんな状況で武士の意識改革が可能なんですか。
無理っぽいんですけど。
源頼朝以来、徳川綱吉の時代まで約五百年間、武士は「人殺しが商売」。
まじめな人間ほど自分の職人芸を磨こうとする。
だから犬や猪を殺し、場合によっては人を殺すことも「善」！
逆にそれを「悪」と認めさせ、意識改革させることは極めて難しい。
不可能に近い。
が、方法はある。「劇薬の処方」だ、意味は分かるだろ？

常識を超えた厳しい法令で徹底的に取り締まる？
その通り！
実は織田信長も同じことをしている。
「一銭切り」といって、一銭盗んだだけでも死刑というトンデモ法だ。
それが必要だった？
戦国時代は弱肉強食の時代だった。乱れに乱れた治安を回復するのは容易じゃない。
だけど、この「劇薬の処方」のおかげで治安は劇的に回復。だから、人々は信長を熱烈に支持するようになった。
それに信長はもう一つ「劇薬の処方」をしている。

宗教勢力の武装解除ですね。
それを受け入れなかった者は皆殺し。
「皆殺しなど為政者《いせいしゃ》として認められない」と言う人もいるけど、信長の時代は宗教勢力が「皆殺し」をやっていた。
だから、やめさせるにはそういう連中を皆殺しにするしかなかった。その結果、信長は日本人の意識改革を成し遂げた。
「信じる宗教が違っても異教徒を殺してはならない」とね。
当たり前のことですよね。
コーヒー入りました。
コッ
ありがとう。
当たり前であり常識だけど、
キリスト教社会で常識になったのは信長よりずっと後。
イスラム教社会では未だに実現していない。予言しておこう。世界が信長の存在を羨《うらや》む日がきっと来るとね。

分かってくれたと思うけど…
日本人の常識の大転換が起きたのは、綱吉の時代なんだ。
五代将軍の時代になると、学問が盛んになって、例えば儒教的な道徳とか寺子屋での教育がけっこう普及していた。
それでも世の中はまだまだ殺伐としていた。
そう、「悪法も法なり」ではないが、一銭切りや比叡山焼討ちのように、
生類憐みの令という無茶をすることで社会の意識を変えた。
だから綱吉は、大政治家なんだ。
学問を奨励し、人の心を優しくしようと努力したんですね。
それにしても、なぜ歴史の先生は、ちゃんと教えてくれないんですかね!?
?
その手招き、怪し過ぎ〜

※シェイクスピア（1564〜1616）：英国の劇作家・詩人。『ハムレット』『マクベス』『ロミオとジュリエット』『ベニスの商人』など。

※シーザー（BC100頃～BC44）：ユリウス・カエサル。ローマの将軍・政治家。共和派により元老院議事堂内で暗殺された。

アントニーって、クレオパトラと恋仲になった？
それはもっと後の話。
今の台詞、どんな意味か分かる？途中のoftはoftenの古語だよ。
諸先輩の名訳を参考にすれば、
「人の為《な》す悪事はその死後も生き、善事はその骨と共に埋められる」かな。
……
もっと分かりやすくすると「悪行は死後も語り継がれ、善行は死後に忘れ去られる」。
この台詞、どう思う？
人間は、「恨みは忘れないけど、恩はすぐ忘れる」不人情な動物ってことでしょ。

※アントニー（BC82頃～BC30）：マルクス・アントニウス。古代ローマの政治家。シーザーの部将。

上手いこと言うね。でも、この言葉にはもっと深い意味があると僕は考えている。
イギリス人はやはり歴史の本質を分かっているね。
どういうことですか?
ついさっきまで見てきたことだよ。
ほら、綱吉は仁政をやって、荒くれた人々の意識改革をしたのに、人の命より犬を大事にする悪法を行なったバカ将軍だって。
でも、素晴らしい名君だった。
「その善行は死と共に忘れられ、悪事は後々まで語り継がれ」ているじゃないか。
あ——っ!
ね!
信長だってそうだよ。「信じる宗教が違っても異教徒を殺してはならない」という素晴らしい意識改革を成し遂げたのに、
そのことは忘れられ、宗教勢力の虐殺者だと未だに語り継がれている。
教師も含めて多くの人がこの「アントニーの法則」に嵌《はま》っているんだ。

さて、この「アントニーの法則」がなぜ成立するのか、説明できるかな?
分かりません。教えてください。
綱吉は生類憐みの令を1685年から死ぬまでの二十四年間に百三十五回も出し続けた。これがポイントだ。
同時代の人間は、綱吉の理想を理解できないから反発する。だが発令以降に生まれた子はそれが当たり前だと思って育つ。
その子達が大人になる頃、反発した人々は年を取って死んでゆく。
昔は寿命が短いから二十年も経てば社会の主流層は交替する。
!
そこで「犬を殺してはならない」という新しい常識が定着する。
なるほど!
新しい常識が定着するとどうなる?

新世代では「犬を殺さない」ことが常識になるから、一昔前の常識がまるで反対だったこと、
綱吉がその常識を変えるためにどれだけ苦労したかが分からなくなる。
そこで…
善行は葬られ悪事のみ語り継がれる。
そういうこと。この「アントニーの法則」が極めて重要な歴史法則だということが理解できるだろう。
こんなことは経験的に学ぶしかない。
少なくとも日本史の教科書には載ってない。
『逆説の日本史』には載ってますけどね。
エライ!
よく分かってるね!
バニー!

エピソード3
徳川家康はなぜ朱子学を導入したのか
現代
東京　文京区
湯島
これ、いったい何の建物ですか？
湯島聖堂大成殿《たいせいでん》だよ。
儒教の開祖孔子※、そして孟子や高弟達を祀った神殿と呼ぶべきものかな。
初めは林羅山が自宅で祀っていたんだが、それを移転させ、大きくしたのは…
五代将軍徳川綱吉だ。
へ――
君をここに連れてきたのは外《ほか》でもない。朱子学とは何かを知ってもらうためだ。

※孔子（BC552頃〜BC479）：中国春秋時代の思想家、本名は孔丘《こうきゅう》。子は先生を示す尊称。

まず家康は、朱子によってリニューアルされた儒教、つまり朱子学※を武士の必修科目にしようとした。
その目論見は大成功だった。
江戸時代、徳川家だけでなくすべての大名家で、朱子学は武士の基本教養とされた。なぜだか分かる？
大名だって家臣に反乱されたら困るから。
だから家康は忠義を第一とする朱子学を導入したんでしょ。
う～ん、間違ってはいないが正確じゃない。
朱子学は忠義より忠孝を第一とする。
忠は忠義だが、孝は孝行すなわち親孝行だね。つまり朱子学とは…

※朱子学：中国南宋時代の朱熹《しゅき》（１１３０～１２００）が儒教を理論化。欧米では孔孟の教えを「Confucianism」、朱熹の教え（朱子学）を「Neo Confucianism」と呼んで区別している。

親孝行と主君への忠義を道徳の根本に据えた哲学…
ですか？
入試の答えなら満点、歴史学者でもそれでいいと思ってる人がほとんどだ。
けど、それじゃ「知ってるつもり」でも、分かっちゃいない。
湯島聖堂に孔子と共に祀られている後継者の孟子※は、
孔子の教えを継承発展させて、中国の理想主義的道徳の基礎を築いた。
ある時、孟子は弟子から「国王の父親が死刑に値する罪を犯したら、国王はどうすべきか？」と質問された。
孟子は何と答えたと思う？
えーと、目をつぶれ…ですか？

※孟子（BC372頃〜BC289）：中国戦国時代の儒家。本名は孟軻《もうか》、孔子の約百年後に生まれ、直接の師弟関係はない。儒教を発展的に継承し、孔子に次ぐ聖人と讃えられる。

いや、それどころか…
「国王の地位を捨て、父親を連れて国外へ逃亡せよ」と答えた。
え——っ、どうして〜？
何でそこまで親孝行が優先するんですか？
いい質問だね。
要は、中国人は世界で一番リアリストな民族ってことかな。
リアリスト？
『論語』の「※怪力乱《かいりょくらん》神《しん》を語らず」だよ。「天」という神に似た考えはあるけど、庶民レベルの話。エリート達は神も来世も信じてない。
科学的に証明できないからね。
そんな中国人でも自分が親から生まれたことは否定できない。
だからキリストやアッラーを信じるように親を絶対化し、親に対する恩義を返す。
つまり「孝」がすべての価値、すべての義務に優先するんだ。

※『論語』の「述而編」にある孔子の言葉。怪しげな、理性で説明がつかないようなことは語らないという意。

……
？
はい？
そうだな…そこも見ておいた方がいいな。
じゃあ行こうか。
え？
行くってどこへ？
も――――
話、見えてないし！
ここは？
ここは中国、後漢時代だから3世紀頃かな…
さてクイズだ。あの若者は何をしてると思う？
え？

ザッ
農夫ですよね、
農作業か何か？
これから一人息子を、
生き埋めにしようと
しているところさ。
え——っ！
ひどい！
人のよさそうな
顔してるのに！
彼の姓は郭《かく》、
名は巨《きょ》で、郭巨※
というんだが、
中国の歴史では
最も模範にすべき
人物として
語り継がれている。
うそ——っ！
嘘じゃない。
最も偉大な孝子《こうし》
つまり親孝行な
息子としてね。

※郭巨：中国後漢の人。中国古来の代表的二十四の孝行を描いた教訓書『二十四孝』に描かれるうちの一人。

なぜなら、この「殺人」の動機は年老いた親の食い扶持《ぶち》を確保することにあるからだ。
四人家族じゃ食べていけないので、どうしても一人殺さなければならない。
だからって子供を殺さなくても。子供の人生はこれからじゃないですか。
日本人はそう考える。
年寄りを姥《うば》捨《すて》山に捨てるなんて話もあるしね。
しかし中国人は「子はまた作れるが親はかけがえがない」と考える。
だから子供の方を殺す。
それが「孝」ということだ。
じゃ行こうか。
えーっ、放っておくの?
大丈夫だよ。
この後、郭巨は黄金の釜を掘り当てる。
天が彼の孝行を愛《め》でてご褒美をくださった。
ってオチだ。
ズル

ホッ
なんだ、中国の昔話ですか。
そうとも言えない。
黄金の釜の話はともかく、郭巨の逸話は美談としてずっと語り継がれてきた。
親のために子供を生き埋めにした人間が本当にいたかもしれない。
少なくとも中国人は、こうした「孝」を道徳の基本だと考えてきたんだよ、何千年にもわたってね。
じゃ、「忠」は？
親に準ずるものが主君、日本でも親分・子分という言い方があるだろう。
「孝」ほどではないが、「忠」も重要。ただし、優先順位はあくまで「孝」が上。
「忠」はその次。法を守ることなんか順位はずっと下だ。
日本人と全然違いますね。
親孝行一つでも日本と中国では考え方がまるで違う。

1607(慶長12)年
駿河《するが》国　駿府《すんぷ》城
そのまるで違う考え方を、家康は武士の必須科目とした。武士達に忠誠心を植えつけるためにね。
日《ひ》の本《もと》の武士には信義が足りぬ。幼少から朱子学を学ばせようと思う。
大御所
徳川家康
なるほど、朱子学の教えは忠孝第一。これを徹底すれば明智光秀は二度と現れませぬな。
儒学者
※林道春
だけど元々は中国の考え方だから、日本に輸入されて様々な軋轢《あつれき》を生み出した。
それが江戸時代の歴史を理解するための最も重要なポイントなんだ。

※林道春（1583〜1657）：後の羅山。近世儒学の祖・藤原惺窩《せいか》の弟子。二十三歳の若さで家康のブレーンに。

※御三卿：徳川将軍家の一族で、田安・一橋・清水の三家。

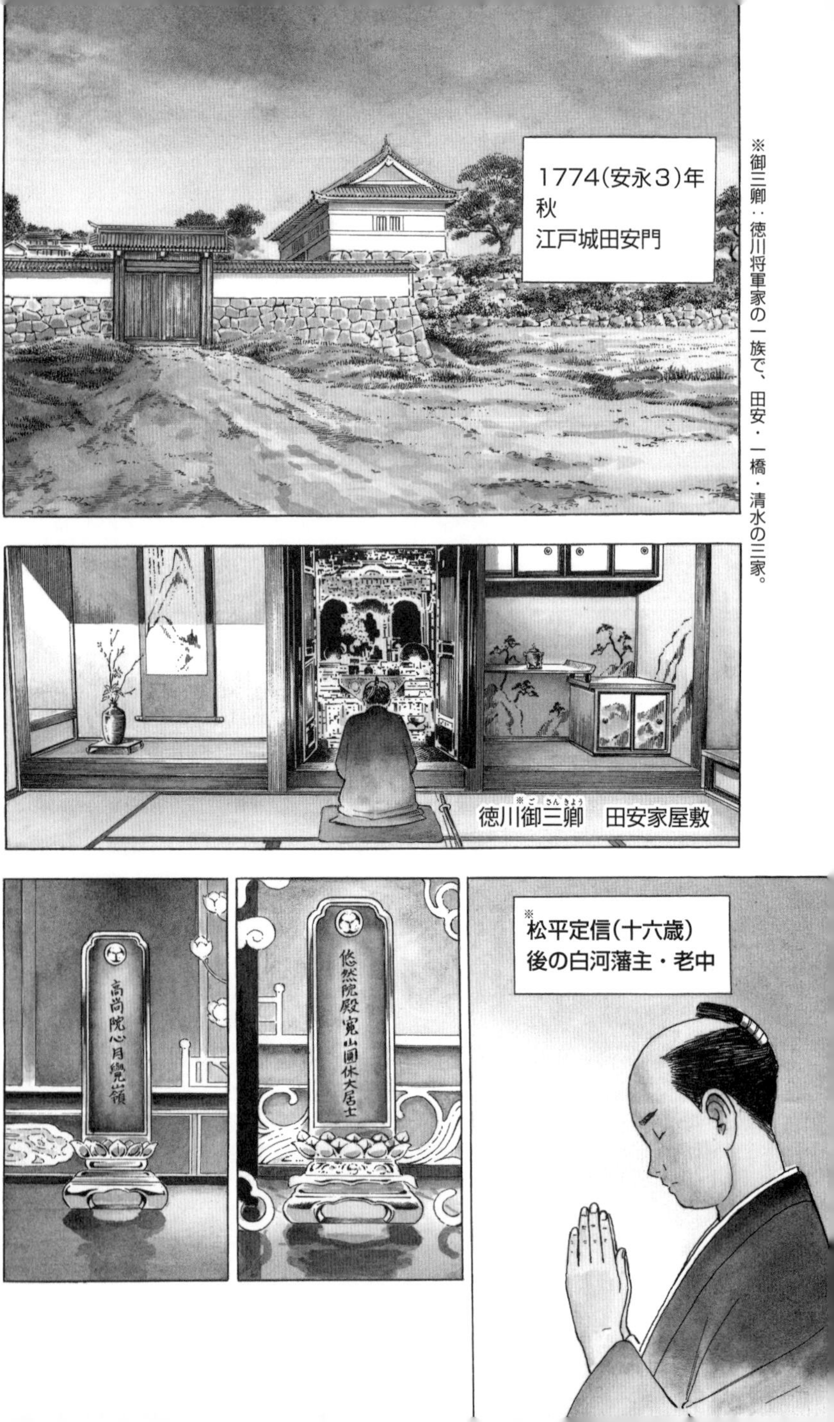
1774（安永３）年
秋
江戸城田安門
徳川御三卿《ごさんきょう》　田安家屋敷
悠然院殿寛山圓休大居士
※松平定信（十六歳）
後の白河藩主・老中

※松平定信（１７５８〜１８２９）：御三卿の一つ、田安徳川家の初代宗武の七男。幼名・賢丸。後に老中となり寛政の改革を行なう。

賢丸《まさまる》殿、おやめくだされ。
※宝蓮院（定信の義母）
これは義母上《ははうえ》、何事でござるか。
分かっておろう。そなたの胸中に秘めたことじゃ。
はて、何のことでござろう。
殿中で老中の田沼意次《おきつぐ》を討ち取る所存であろう。
許しませぬ。そなた、この田安家を潰すおつもりか。
これはしたり、当家は既に田沼によって潰されたも同然。

※宝蓮院（1721〜1786）：田安宗武（本姓は徳川）の正室、近衛家久の娘。

そなたの相続が認められなかっただけじゃ。
田安家がなくなったわけではない。
田沼は折を見て当家を潰しまする。
それより田沼めは、この国を誤り徳川家に仇《あだ》なす極悪人にござる。
斬り捨てることこそ将軍家への御奉公。お止めくださるな。
なりませぬ。
どうしてもとあらば、わたくしを斬ってからお行きなさい、さあ！
後の老中松平定信だよ。
奥州白河藩松平家に養子に行く直前なんだが、実家の田安家の当主で兄の治《はる》察《さと》が急死した。
田舎大名より御三卿の田安家の方が格は高いから、こっちを継ぎたいと言ったら幕閣に拒否された。
他に跡継ぎがいないのに、あくまで松平家に養子に行けってわけだ。
それを幕閣トップである田沼意次の陰謀だと信じた定信は、怒って田沼を殺そうと考えた、江戸城中でね。

じゃ、個人的な恨みが動機ですか?
それもないわけではないが、
定信は田沼を極悪人と呼んでただろ、それが動機だよ。
じゃあ、戻るよ。
えっ?
この二人は?「わたくしを斬ってから」って言ってましたけど、大丈夫?
大丈夫。朱子学信者は「孝」が第一だから、絶対に親は斬れないよ。
極悪人って、田沼は何をやったんですか?

まず、商業を盛んにして商人らに冥加金《みょうがきん》つまり法人税を課した。
それから鎖国で途絶えていた海外貿易を大々的に復活しようとした。
すべては幕府の財政を再建し、徳川家の天下を永続させるためだ。
それなら極悪人どころか大忠臣じゃないですか。
ところが、朱子学信者の松平定信にしてみれば、田沼は極悪人。
ここが分からないと江戸時代の歴史は理解できない。
分かりませんよ。何でそうなるんですか？
この言葉、知ってるよね。
士農工商
しのうこうしょう、江戸時代の身分制度です。

士農工商
そう、これも朱子学の用語でね。
士は日本では武士だけど、中国では官僚や学者など知識人を指す。
彼ら士は朱子学を身につけている分だけ他の人間より偉い。
じゃ、農工商は？
農は農民、工は職人。「物作り」している人すべて含まれる。
しかし商人の商は、最低の身分で最も賤しい職業とされた。
農工は社会に必要なものを「生産」するが、商人は何も作らないから最低かつクズってわけ。
そんなの偏見ですよね。
商人がいてこそ物資が流通して経済が成長するんでしょ。
エライ！
それが近代的な考え方だ。実は日本人は昔から商売が賤しいなんて全然考えていなかった。
ですよね。

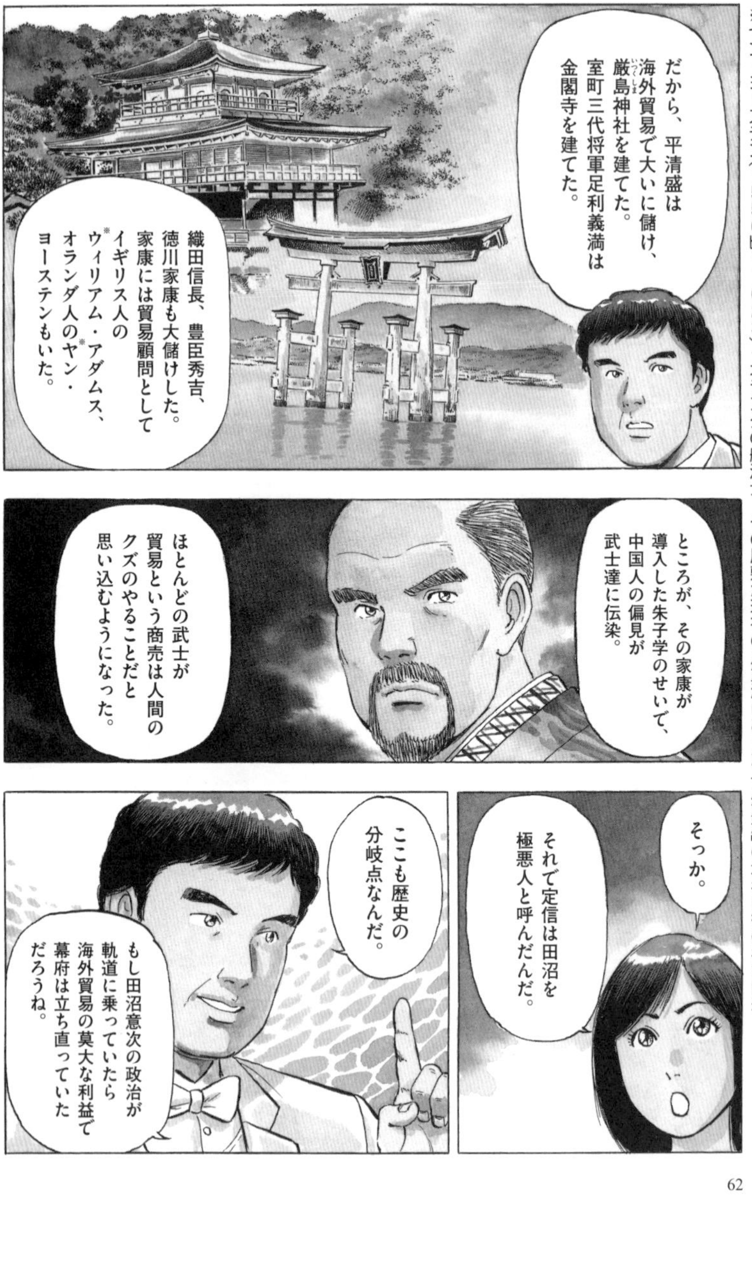
だから、平清盛は
海外貿易で大いに儲け、
厳島《いつくしま》神社を建てた。
室町三代将軍足利義満は
金閣寺を建てた。
織田信長、豊臣秀吉、
徳川家康も大儲けした。
家康には貿易顧問として
イギリス人の
※ウィリアム・アダムス、
オランダ人の※ヤン・
ヨーステンもいた。
ところが、その家康が
導入した朱子学のせいで、
中国人の偏見が
武士達に伝染。
ほとんどの武士が
貿易という商売は人間の
クズのやることだと
思い込むようになった。
そっか。
それで定信は田沼を
極悪人と呼んだんだ。
ここも歴史の
分岐点なんだ。
もし田沼意次の政治が
軌道に乗っていたら
海外貿易の莫大な利益で
幕府は立ち直っていた
だろうね。

※ウィリアム・アダムス（1564〜1620）：イギリスの航海士、水先案内人。後に帰化して三浦按針《みうらあんじん》と名乗る。

※ヤン・ヨーステン（1556頃〜1623）：オランダの航海士、その屋敷が現在の八重洲にあった。「八重洲」の地名は彼の名が由来。

だが反対派が多過ぎた。
田沼は失脚し、政権を握った定信は田沼の悪口を言いまくった。
士農工商
「賄賂の帝王」とか「腐敗政治」とかね。
情けないのは、未だに日本の歴史学界はそれに乗せられたままだってことだ。
朱子学が分かってないからですね。
そう！
じゃ、もう一つ君に見せたいシーンがある。
1863(文久3)年
江戸

先生、日本を立て直すにゃ、やはりエゲレスを見習うべきがかえ?
元土佐藩士
坂本龍馬(二十九歳)
エゲレスだとて日本と同じ小さな島国だ。
幕臣
勝海舟(四十一歳)
それが世界中に貿易船を出して大いに儲け、今じゃ世界一の大国だぜ。
エゲレスにやられないためにも、ここは一番、貿易立国を目指すしかあるまいよ。
ダッ
!
勝だな!
御家を汚す不忠者!
天誅《てんちゅう》を下してくれる!

そういう台詞を吐くってことは、おめえさんらも徳川の家臣だな！
早まるんじゃねえ！御家を潰さぬには、オイラに任せるしかねえんだぜ！
黙れ！
将軍家に賤しい商人の真似事をさせようとは言語道断！恥を知れ！
先生、話が通じる相手じゃなさそうぜよ！
そのようだな。
ウリャアァー
ひえ！
あっ、あれ!?
い、いきなり黙って帰らないでくださいよ！
ん？
ああ、あの二人は大丈夫だよ。
1863年は二人ともまだ死んでないからね。

どう、感想は？
ん～～～～～
今まで自分が何も分かっていなかったことが、分かりました。
松平定信がなぜ田沼意次を殺したいほど憎んでたのか、
勝海舟がなぜ命を狙われたのか、知ってるつもりだったけど、ホントは分かってなかったんですね。
そう、今の歴史教育は朱子学の基本常識すら教えない。だからダメなんだ。
これで江戸時代がもっとよく見えるようになったはずだよ。
はい！

エピソード4

徳川政権安泰の鉄則「家康のルール」の大誤算

問題を整理しておこう。
戦国から江戸へ、戦争から平和へという劇的な時代への対応を幕府は迫られた。
だが、幕府は軍事政権だ。
構成員の武士は軍人だから、平和な時代に適応できない部分があった。
例えば生命の尊重を徹底すること。それを、五代将軍綱吉はやり遂げた。
しかしそれ以前に、初代将軍家康は二度と戦乱の世を招かないために、世の中の仕組みを徹底的に改変した。それが…

「家康のルール」だ。
徳川家康のルール
① 大名の反乱を防止
人質政策、参勤交代、大名の改易等、武家諸法度の徹
② 徳川家の永続
家康の自己神格化、朱子学の保護奨励、徳川御三家の創設
③ 天皇家対策
禁中並公家諸法度の施行
④ （空白）
家康はやはり天才で平和を永続させるために様々な手を打った。
参勤交代は知ってるだろう?
大名に領国と江戸とを往復させて財力を弱めたんですよね。
そう、これは人質政策とも関連している。
大名の正夫人と嫡男(跡継ぎ)は江戸屋敷に住まなければならなかった。だから大名も江戸に行かざるを得ない。
もっともこの制度が武家諸法度に加えられたのは、三代将軍家光の時代だ。

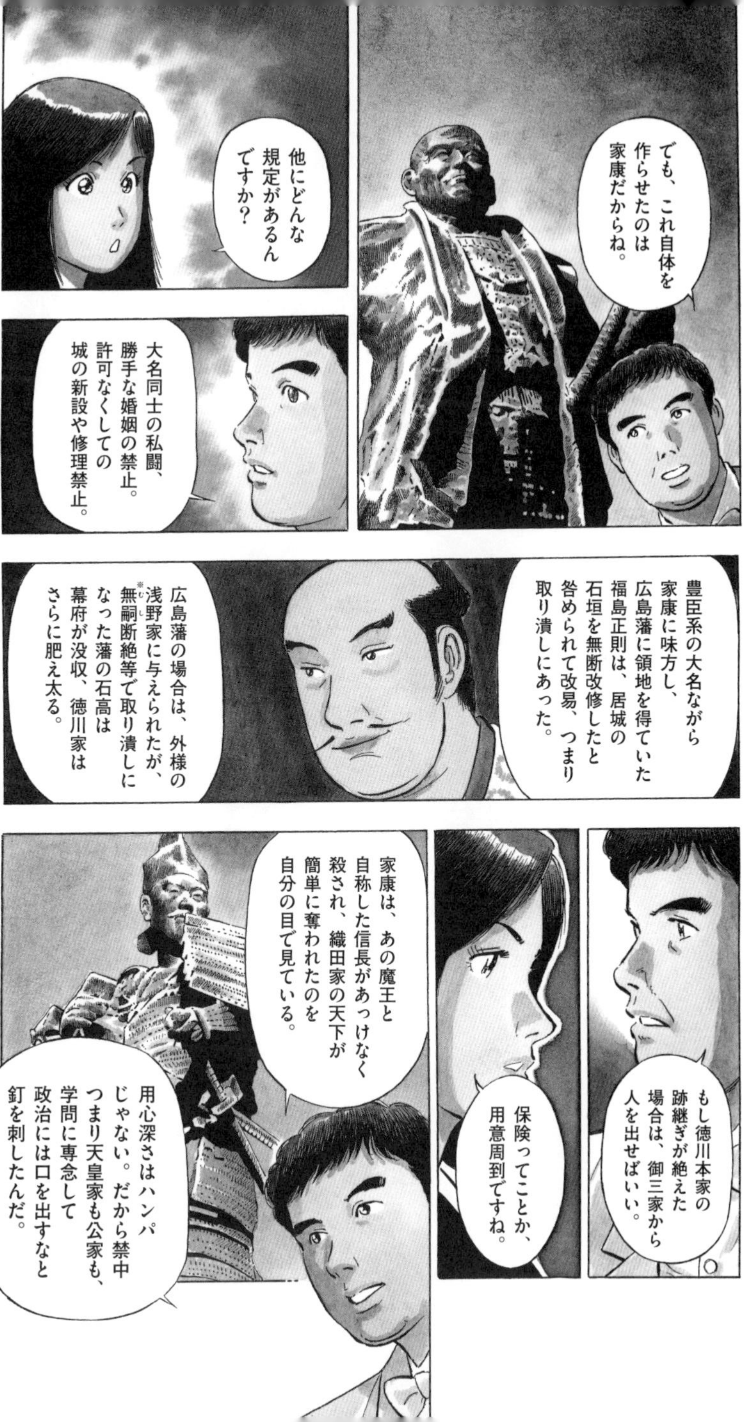
でも、これ自体を作らせたのは家康だからね。
他にどんな規定があるんですか？
大名同士の私闘、勝手な婚姻の禁止。許可なくしての城の新設や修理禁止。
豊臣系の大名ながら家康に味方し、広島藩に領地を得ていた福島正則は、居城の石垣を無断改修したと咎められて改易、つまり取り潰しにあった。
広島藩の場合は、外様の浅野家に与えられたが、※無嗣《むし》断絶等で取り潰しになった藩の石高は幕府が没収、徳川家はさらに肥え太る。
もし徳川本家の跡継ぎが絶えた場合は、御三家から人を出せばいい。
保険ってことか、用意周到ですね。
家康は、あの魔王と自称した信長があっけなく殺され、織田家の天下が簡単に奪われたのを自分の目で見ている。
用心深さはハンパじゃない。だから禁中つまり天皇家も公家も、学問に専念して政治には口を出すなと釘を刺したんだ。

※無嗣断絶：跡継ぎがない大名家は取り潰しとなる江戸幕府の規則。改易の原因で一番多かった。

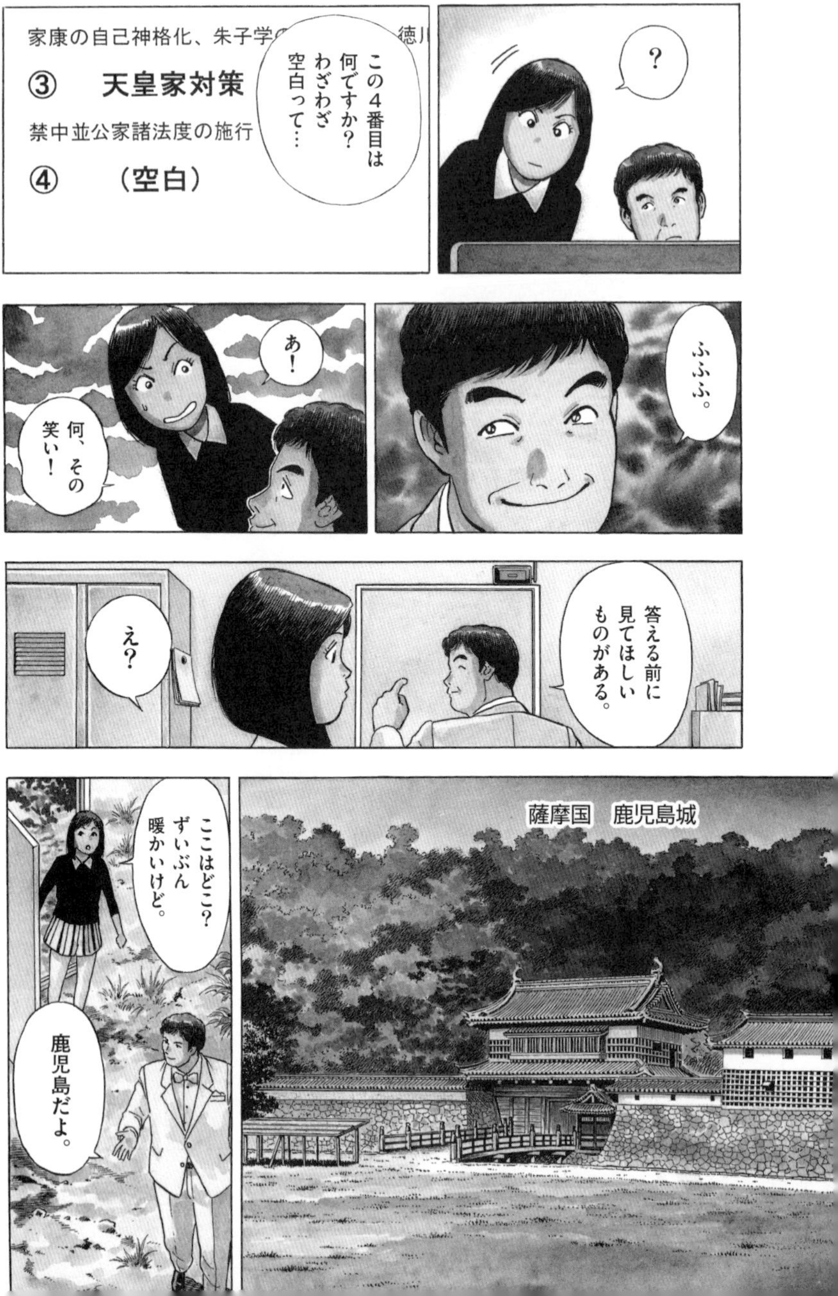

？
家康の自己神格化、朱子学
徳
③　天皇家対策
禁中並公家諸法度の施行
④　（空白）
この4番目は何ですか？わざわざ空白って…
ふふふ。
あ！
何、その笑い！
答える前に見てほしいものがある。
え？
薩摩国　鹿児島城
ここはどこ？ずいぶん暖かいけど。
鹿児島だよ。

島津家の居城、通称…鶴丸城だ。
島津家は関ヶ原の戦いで西軍に味方して痛い目にあった。島津はその屈辱を忘れてはいない。
さて、リベンジだ。もし君がこの城の当主で江戸の徳川家を攻めるとしたら？
ん〜
軍勢はどれくらい使えます？
いい質問だね。
石高で計算すれば二万だが、薩摩だから三万はいけるかな。
じゃ、江戸を目指して北上しようか。
え〜〜〜〜、ここから？
肥後国　熊本城
築城の名人加藤清正が築いた天下の名城だ。
しかも幕府は江戸初期に豊臣系の加藤家を無理やり取り潰し、幕府に忠実な細川家に与えている。
落とすしかないな。籠城兵は一万か一万五千ってとこだろう。

え――っ、西郷隆盛でも落とせなかった城ですよね。
よく知ってるね。感心感心。
時間がないから落としたことにして、次に行こう。
ズルッ
筑前《ちくぜん》国　小倉城
小倉城は規模としては中くらいだが、譜代大名が守っていた。
目の前の関門海峡を渡らなければ本州へは行けない。この小倉を押さえておけば、大軍が海を渡るのは難しい。
たとえ熊本城は攻めずに兵力を温存したとしても、小倉で釘づけにされ、追撃してくる熊本勢と挟み撃ちにあう。
でも、仮にそれも突破したとしよう。
海の向こうは本州長門《ながとの》国《くに》だ。
長門って、長州藩毛利家だ。
長州の応援が期待できませんか？

いい考えだが、あいにく家康は毛利家が山陽道に城を造ることを許さなかった。
だから薩摩の進撃路には味方の拠点になる城が一つもない。
本州を上から見てみようか。
広島城、岡山城、姫路城、大坂城、和歌山城、彦根城、名古屋城、小田原城。この間に大井川、箱根もある。
江戸へ進軍するには主なものだけでも、これだけの拠点を突破しなければいけない。
例えば広島城は毛利輝元が築いた城だが、福島家から広島を引き継いだ浅野家は、外様とはいえ、幕府に忠実な大名だし…
江戸城
小田原城
名古屋城
彦根城
姫路城
大坂城
岡山城
和歌山城
広島城

岡山・姫路は徳川系大名の城。彦根は徳川最強軍団の井伊家。大坂城主は歴代将軍だ。
和歌山・名古屋は徳川御三家の城、小田原城は老中クラスが城主だ。
さあ、島津殿、毛利殿、江戸に攻め込めますかな？
ムリ、江戸どころか大坂まで辿《たど》り着けません。
そう思うだろ。だから江戸時代は約二百六十年間も平和だったんだ。
いくら「徳川憎し」でも勝てっこないからね。でも、この話には続きがある。
ちょっと江戸城を見に行こう。
武蔵国　江戸城
お——っ！
江戸城って、大きかったんですね。
そう、まさに天下の巨城だ。しかし家康はここが落城するケースも想定していた。
え？　それって、心配し過ぎでしょ。

「戦国三英傑編」で話したよね。
あの半蔵門は、万一落城した時、甲府城に逃げる非常口。非常口は一か所じゃダメだから、逆側の門から東北へ向かえば御三家の水戸城。
でも、西の守りはすごいけど、東は弱そうですね。
家康は、東北の大名のことはほとんど心配していなかった。
一番警戒していたのは、「関ヶ原の負け組」の薩摩と長州さ。
結局、二百六十年後にどうなった？　薩長連合が討幕を目指したのに、東北の大名は奥羽越列藩同盟を結成して幕府に味方しただろ。
確かに。
もちろん用心しなかったわけじゃない。そのために水戸城がある。
万一、東から反乱が起こったら、まず水戸で食い止め、その間に名古屋、大坂から援軍が呼べる。
さっ、研究所に戻ってお茶にしよう。
あ、はい。

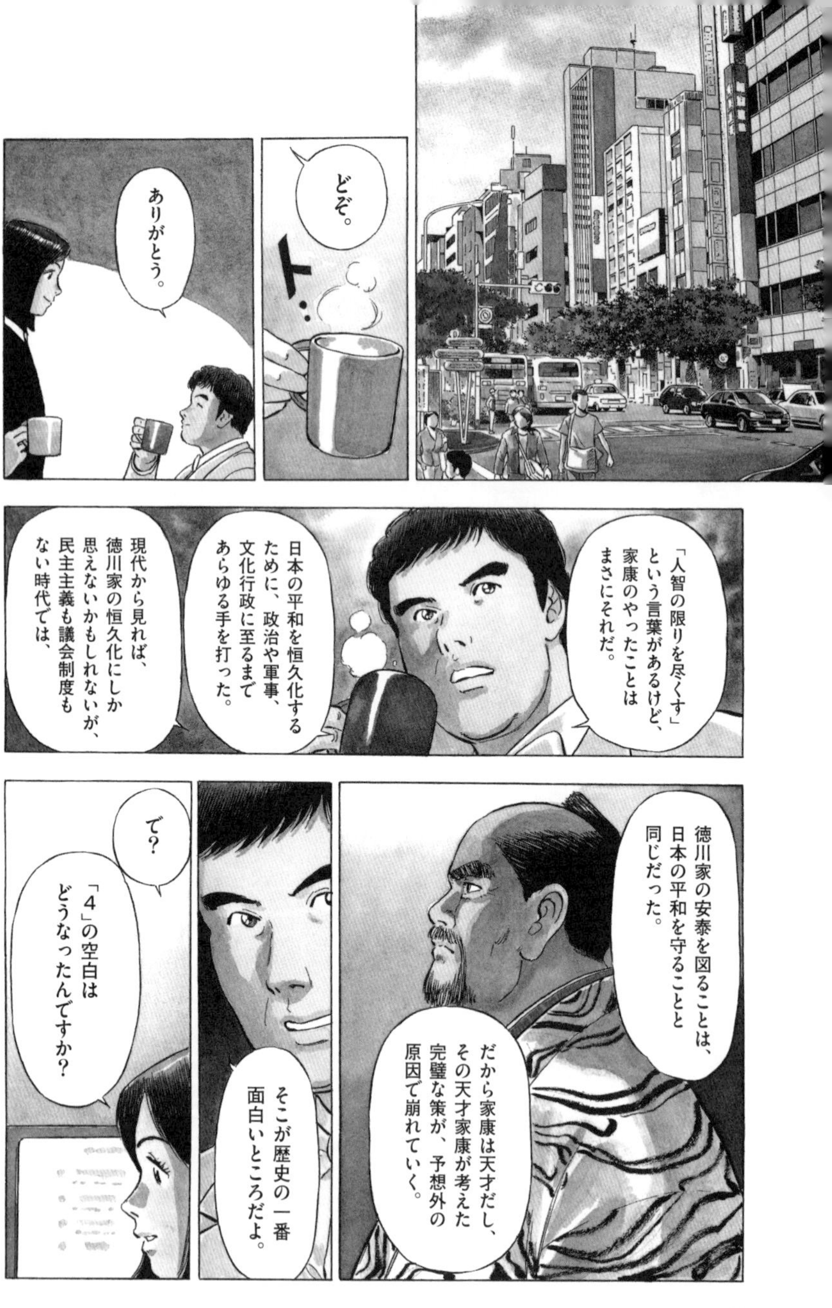
どぞ。
ト…
ありがとう。
「人智の限りを尽くす」という言葉があるけど、家康のやったことはまさにそれだ。
日本の平和を恒久化するために、政治や軍事、文化行政に至るまであらゆる手を打った。
現代から見れば、徳川家の恒久化にしか思えないかもしれないが、民主主義も議会制度もない時代では、
徳川家の安泰を図ることは、日本の平和を守ることと同じだった。
だから家康は天才だし、その天才家康が考えた完璧な策が、予想外の原因で崩れていく。
そこが歴史の一番面白いところだよ。
で？
「4」の空白はどうなったんですか？

それこそが重大なポイントだ。
なぜ空白にしたか…世界史では不可欠なことなんだが、
日本の江戸時代の場合、「4」だけは必要なかったんだ。だから、さすがの家康も手を打たなかった。
それは何です?
分からない? 家康の目的は平和の恒久化だ。
……
あの、あんまり勿体ぶられるとイラッとしますよね。
つ、つまり平和を壊す最大の要因は戦争だろ。
家康想定の戦争って大名の反乱、内乱だろ。でも戦争って内乱だけじゃない。
海外からの侵略ですか?
その通り! この時代の日本はおそらく世界最強の陸軍国だ。
鉄砲装備率も世界最高、全国に城があり、軍団が常駐している。スペイン、ポルトガルでも日本侵略なんて不可能な話さ。
つまり「4」は海外侵略からの防衛ですか。

そう、だけど家康がこれを省いたツケが後で回ってくる。覚えといて。
とりあえず、
江戸時代の歴史を最初から見ていくよ。
天才家康の計算が少しずつ狂っていく過程が面白いんだ。
琉球王国　首里城
中山世土
薩摩軍はまもなく琉球までやって来る。どうする、戦うか、それとも逃げるか。
琉球国王　※尚寧《しょうねい》
陛下、ここは降伏なされませ。薩摩軍は精強、我らに勝ち目はございません。

※尚寧（1564〜1620）：琉球王国第二尚氏王統の七代国王。在位1589〜1620年。

馬鹿な！降伏では、国の体面はどうなります。
体面に拘《こだわ》っている時ではあるまい。
降伏などして陛下のお身の上に万一のことがあればどうされる。
心配はいらぬ。薩摩は丸のままの琉球が欲しいのだ。ここはしばらく時を稼ぎ、明《ミン》国の援軍を待つ。
あの豊臣秀吉の軍勢も結局は尻尾を巻いて逃げ帰りました。一時の辛抱。陛下、ご決断を。
分かった。
そなたの言う通りにしよう。
あれれ、薩摩藩が琉球王国を攻めてるんですか？
その通り、1609(慶長14)年、関ヶ原の戦いの九年後だね。

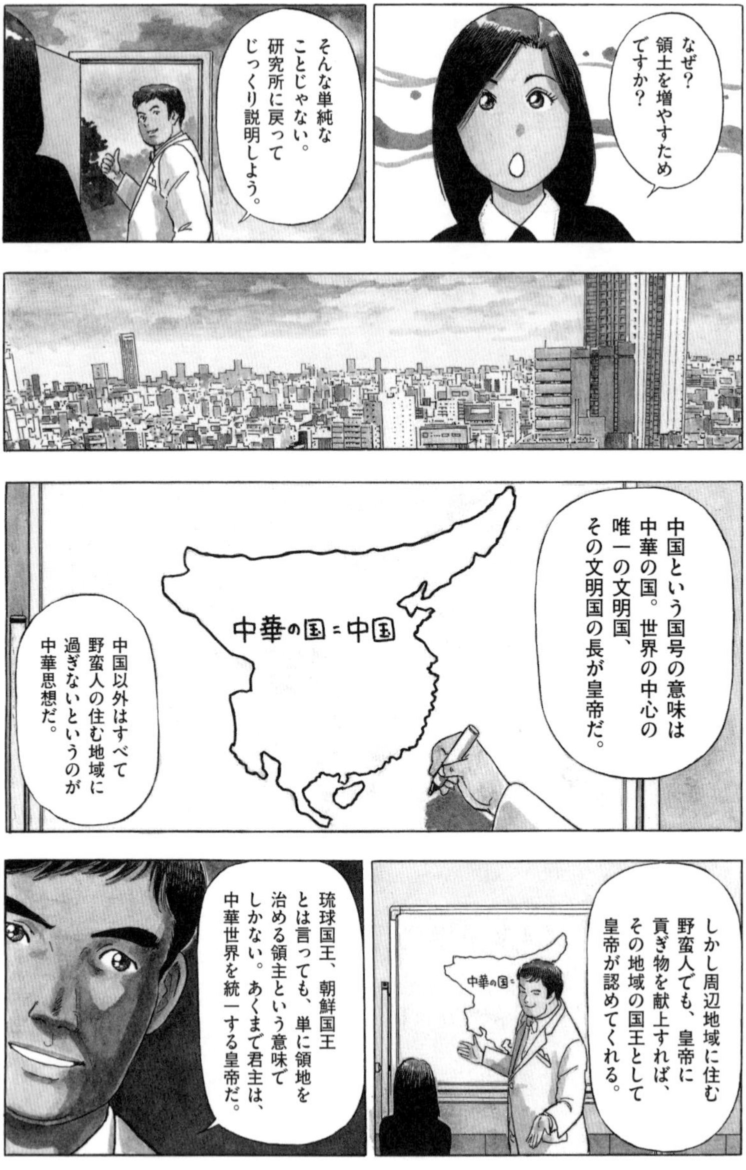
なぜ？領土を増やすためですか？
そんな単純なことじゃない。研究所に戻ってじっくり説明しよう。
中国という国号の意味は中華の国。世界の中心の唯一の文明国、その文明国の長が皇帝だ。
中華の国＝中国
中国以外はすべて野蛮人の住む地域に過ぎないというのが中華思想だ。
しかし周辺地域に住む野蛮人でも、皇帝に貢ぎ物を献上すれば、その地域の国王として皇帝が認めてくれる。
中華の国＝
琉球国王、朝鮮国王とは言っても、単に領地を治める領主という意味でしかない。あくまで君主は、中華世界を統一する皇帝だ。

ゴーマンの極致ですね。でも日本は？
日本は中国の家来じゃないというプライドがあった。だから、皇帝に対抗して天皇という称号を名乗った。
しかし、それでは中国との国交は開けない。中国は対等な国家を認めないからね。でも一番困るのは貿易ができないことだ。
それも朱子学のせいですか？
そう、中国の官学である朱子学は商売を最も賤しい仕事と考える。
貿易も商売だから一切やらない。だが相手国が貢ぎ物を献上すれば話は別。
中華のプライドにかけて何倍ものお返しをする。つまり「中国の家来です」と認めれば周辺国はこの「朝貢貿易」で大儲けできる。
中華の国＝中国
でも、日本にもプライドがありますよね。
確かに室町幕府三代将軍の足利義満は日本国王にしてもらい、大いに儲けた。金閣寺を建てるほどにね。

逆に豊臣秀吉はそういう秩序をぶち壊そうとして失敗した。
家康は、中国に頭は下げたくないが貿易では儲けたかった。
日本の代わりに頭を下げてくれる国があればダミーとして使える。
そうか、琉球王国!
家康の狙いは、琉球を仲介とした明国との貿易。
「丸のまま欲しい」ってそういうことですか。
でもそれなら徳川が征服すればいいのに。
まだ慶長年間だよ。一大名に転落したとはいえ豊臣家は滅んでいない。そんな時に南の海まで遠征ができるかい?
琉球の重臣が言ってたじゃないか、明国が助けてくれるって。それは、明国との戦争になるということだ。
家康は、この時期には明国が琉球王国に救援軍を派遣する国力はない、と読んではいたけど、世の中何が起きるか分からない。
たとえ明国と戦争になっても、あれは島津が勝手にやったこと、何なら貴国と共に薩摩を討ちましょう、と言えるじゃないか。

どっちに
転んでも
損はない。
タヌキ親父だ、
ひど～い。
中華の
ところが、これだけ
考えてやったことも
裏目に出て、むしろ
薩摩を大いに利する
ことになるんだから、
歴史は面白い。
ちょっとそれを
覗いてみよう。
江戸後期 琉球王国 那覇港
今年の帳尻は
どうなっとり
もすか？
二十万両の儲けは
固《かと》うおますな。
砂糖もよう
売れてます。
そいなら、もしや
今年中に…

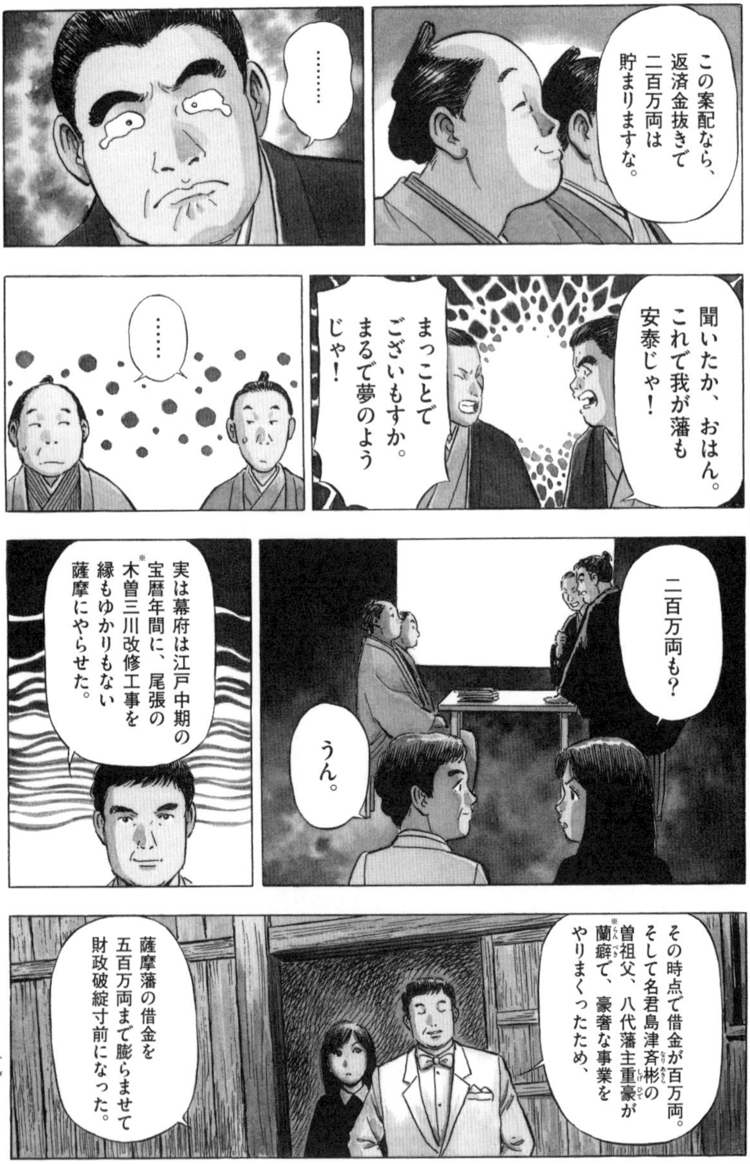
この案配なら、返済金抜きで二百万両は貯まりますな。
……
聞いたか、おはん。これで我が藩も安泰じゃ！
まっことでございもすか。まるで夢のようじゃ！
……
二百万両も？
うん。
実は幕府は江戸中期の宝暦年間に、尾張の※木曽三川改修工事を縁もゆかりもない薩摩にやらせた。
その時点で借金が百万両。そして名君島津斉彬《なりあきら》の曽祖父、八代藩主重豪《しげひで》が※蘭癖《らんぺき》で、豪奢な事業をやりまくったため、
薩摩藩の借金を五百万両まで膨らませて財政破綻寸前になった。

※蘭癖：蘭学に傾倒したり、オランダ流（西洋）の習俗に憧れたり模倣したりする人を指す呼称。

※木曽三川：濃美平野を流れる木曽川、長良川、揖斐《いび》川の総称。

さすがに反省したのか財政改革に乗り出し、返済のため無利子・二百五十年ローンを組んだ。
借金返済を続けながら、琉球を利用したダミー貿易や砂糖専売等でボロ儲けをして、二百万両を備蓄できたと言われている。
この備蓄金が幕末に薩摩が活躍する資金となり、しかも借金は明治期の廃藩置県で返済無用となった。
待って、待って。薩摩は家康の命令で琉球を手に入れたんですよね。
だったら貿易の利益は幕府のものになるはずじゃないんですか？
ところが、その家康が奨励した朱子学によって、幕府の後継者達は貿易を卑しむようになった。
だから、放っておいた。
放っておけるレベルの儲けですか？

薩摩も最初は朱子学に毒されていたけど、背に腹は代えられないとばかりに、
途中から大いに貿易に励むようになった。
幕府も老中田沼意次の時代に貿易をやろうとしたんだが、
朱子学信者に潰されちゃったんだ。
天才家康がよかれと思ってやったことが、幕府の首を絞め、ライバルの薩摩を大儲けさせて立ち直らせた。
歴史って面白いだろ？
面白いけど、ちょっと怖いですよね。

エピソード5
「幕府転覆」ではなかった!? 由比正雪の乱の真相

熊本城ですか。
1632(寛永9)年
肥後国　熊本城

加藤清正が建てた城ですね。
そう、清正から代替わりして嫡男の忠広が跡を継いでいる。
徳川将軍は三代家光の時代。
上座にいるのが加藤忠広？
藩主忠広は参勤交代で江戸にいる。あれは留守を預かる城代家老だ。

絶好のタイミングだ。
どういうことですか？
家康のルールの一つ、大名の取り潰しがまさに実行されている。
昨夜、江戸表《おもて》より急使があった。
御公儀から、我が加藤家を改易するとの御沙汰が下った由《よし》。
つまり、お取り潰しということじゃ。
御家老、何ゆえのお取り潰しでござるか？
詳細は不明じゃが、当家に謀反の企みがあったという理由じゃ。
たわけたことを、根も葉もない言いがかり！
左様な企み、あろうはずがござらぬ！

そうじゃ！
そうじゃ！
この上は徳川に一戦を挑むべきじゃ！
このような理不尽、黙って受け入れるわけには参らぬぞ！
籠城じゃ！
このままでは我らの面目が立たぬ！
おおっ
たわけたことを申すでない！
殿は嫡男光正様と共に江戸におられる！　今、我らが事を起こさば、まさに公儀の言い分を認めることとなり、殿のお命はない！
光正様も同様じゃ！
我々家臣のなすべきは公儀の沙汰を謹んで受けること！

我らが恭順すれば殿のお命も助かるかもしれぬ。よいな、かまえて軽挙妄動するでないぞ。
……
泣いてる人もいる…謀反を企んだって、ホント？
調べたけど、幕府のデッチ上げだね、間違いない。
ひどーい、やり方が汚い！
孫子の兵法と言ってくれ。
藩主がいないタイミングを狙わなければ、肥後加藤家は幕府と戦ったかもしれない。
だけど迷惑するのは庶民だ。
孫子曰く、「戦わずして敵の兵を屈するは善の善」。

そうか、家康はそれを学んだんでしたね。けど家康ってもう死んでません？
この十六年前にね。
でも潜在敵国の加藤家を「いずれ折を見て取り潰すがよい」と子孫や重臣に遺言することはできる。
学者は「史料にない」と言うだろうが、そんなことを紙に書くバカはいないのが世間の常識だ。
加藤忠広はこの後どうなったんですか？
命は助かった。
実質上の流罪で出羽国(山形県)庄内藩に預けられ、天寿をまっとうした。
だが嫡男光正は、預け先の飛騨高山藩で翌年に死んだ。十九歳の若さでね。
殺された？
忠広は殺さず、光正だけ殺すのは変。それはないと思うよ。
ただ光正は幕府に抗議して自害したとする説もある。十分にあり得る話だ。
ところで、なぜ忠広は忠広で、光正は光正なのか？
ネーミング原則があるの知ってる？
えっ、どういうことですか？

忠広が元服した時の将軍は秀忠だった。光正の時は家光だ。
……
名前の字をもらってる?
そう。
偉い人から名前の下の一字をもらって自分の名前の上につけるのが原則。
秀「忠」から「忠」広、戦国時代なら足利義「輝」から上杉「輝」虎。これは上杉謙信の若い頃の名前。
うんうん。
西郷隆盛を見出したことで有名な幕末の薩摩藩主島津斉彬《なりあきら》は、元服した時の将軍が徳川家斉だった。
大名の嫡子が将軍から名前を一字もらうことは、相続者として認めるという意味があった。
光正もこれでお家は安泰だと思ったろうね。
じゃ、安心させて、その後バッサリってことだ。
だから光正の死は幕府に対する抗議だと考えられるわけだよ。
父親と違って、光正は猛々しい性格だったと言われている。
やっぱり家康って汚いと思います。

その感想は正しいかもね。
司馬遼太郎は※エッセイの中で述べている。
「平和を維持するためには、人脂《ひとあぶら》のべとつくような手練《てれん》手管《てくだ》が要る」
「平和維持にはしばしば犯罪まがいのおどしや、商人が利を逐《お》うような懸命の奔走も要る」と。
警察も賄賂を受け取るみたいな?
そ~じゃなくて。
実はこれ、家康のことを指している。
日本人は平和を理想化するあまりに、家康を評価しない、とも述べている。まさに君のようにね。
平和の実現が最優先課題なら、手段がどんなに汚くてもいいじゃない。
え――っ、そうかな?

※エッセイ：『風塵抄』(中央公論新社刊)。

ふふふ……
あ——っ、その意味ありげな笑い！
家康の、反対派大名取り潰し政策が本当に恒久的な平和を生み出したかどうか、検証しようか。
ポイントは大名を取り潰せば潰すほど、牢人つまり失業者が増えるってことだ。
意味ありげな笑い後の問題提起もパターンですね。
いーから、いーから。
1645(正保2)年
武蔵国　江戸城

江戸城　大広間
三代将軍
徳川家光(四十二歳)
紀州徳川家当主
徳川頼宣《よりのぶ》(四十四歳)
老けてる…
けど、将軍家光だ。対面者は誰？
徳川御三家、紀州家当主頼宣だ。
家康の息子で、家光には叔父にあたるが、家康の晩年の子なので二歳しか違わない。
何かモメてるみたいだけど。
※日本乞師《にほんきっし》問題だよ。
何ですか、それ？

※日本乞師：1645年から鄭芝龍《ていしりゅう》や子の鄭成功《ていせいこう》(近松門左衛門の『国性爺合戦《こくせんやかっせん》』のモデル)らが何度も日本に援軍を求めた。

異民族の侵入で滅びかけている、中国の明《ミン》王朝からの救援要請だ。
中国からですか？
日本が援軍を出して助けてほしいということさ。まあ見てごらん。
上様、何とぞ御再考願わしゅう存じます。
叔父上の御言葉じゃが、こればかりはのう。
幾度も申し上げたが、明国はまさに滅亡の淵。
ここで救援し恩を売れば、明国との平和の礎を築くことになり申す。
万一明国が負けても、あの豊かな土地をむざむざ蛮族の手に渡すことはござらぬ。

牢人を集めて軍勢を催し、我らで奪ってしまえばよろしい。
どちらに転んでも損はない。
お控えなされ、紀州殿。上様の御裁断は既に下されておる。
だからこそ、御再考をと申し上げておる。
いや、この件に関しては、これまでとさせて頂く。
……
左様でござるか、是非もない！
ス
あー、怒っちゃった。
将軍家光の決断はどう？
悪くないんじゃないですか。
外国の内戦に介入するとロクなことにならないでしょ。
※ベトナム戦争みたいに。
ベトナム戦争？よく知っているね。
テレビのドキュメンタリーでやってたので。

※ベトナム戦争（1961〜1975）：南北に分断していたベトナムの統一戦争。1963年にアメリカが軍事介入、撤退するまで十年に及んだ。

確かに原則はそう。ただし、この場合はちょっと違う。
頼宣には牢人を救おうという明確な使命感があった。
紀州家　江戸屋敷
軍学者　由比正雪
スッ
待たせたな。
何、ほんの数刻でございます。

して、ご首尾は?
不首尾じゃ。上様の説得は叶わなんだ、済まぬ。
もったいない御言葉。
やはり公方様は我らが苦衷、お分かりになりませんでしたか。
よきお育ちでな。今一つ下情《かじょう》に通じておられぬところがある。
いっそのこと殿が公方様であられたら、ようございました。
これ、滅多なことを申すでない。
いや申し上げる。
幕府が開かれて以来、幕閣の方々は、大名のお取り潰しが平和の礎を築くことと勘違いされておられる。
確かに大名を潰せば、その石高は幕府のもの。しかし、一方で主家を失った牢人が巷《ちまた》に溢れまする。

今や牢人だけでも十万を超し、その十万にはそれぞれ家族がおるというのに、御公儀は助けようとも致しません。
牢人達は仕官もできず、百姓するにも土地がない。これでは「死ね」ということにございます。
もう、それくらいにせよ。
御政道批判は重罪ぞ。
存じております。
ですから今宵限りお暇を頂きます。軍学者由比正雪、無礼の言動これあり。
出入り差し止めということにして頂きとう存じます。
正雪！
長々とお世話になり申した。篤《あつ》く御礼申し上げます。

すっ
正雪、早まるでないぞ。
幕閣もいずれは牢人らの苦しみに気づくであろう。それまで待つのだ。
さて、それはどうでございましょう。
では、御免。
正雪って…
幕府転覆を謀った由比正雪ですよね。
ピシャ
時代劇で観ました。
そうか、牢人問題解決のために、正雪も頼宣も援軍話に乗ろうとしたんですね。
君の言う通り外国への軍事介入はリスクが大きい。
それでも推し進めようとしたのは、牢人達を再雇用できると考えたからだ。

幕府が援軍話を断ったのは正解だけど、それならそれで牢人救済策を別に講じなければならない。
幕閣は牢人の苦しみに気づく?
ふふふ
あーまた、その笑い。
ガクッ
もし幕府が気づいていたら、※慶安事件つまり由比正雪の乱なんか起こりっこないじゃないか。
正雪は、気づくまで待てなかったわけでも、早まったわけでもない。
幕府は牢人救済なんて考えもしなかったし、さらに大名取り潰しを続けた。
どうしてですか? どう考えても改めるべきじゃないですか。
ところが改められない、そこが歴史のポイントだ。
それが分かるところに行こう。
江戸幕府って、もう少しまともな印象だったのに、
知りたくなくなってきた。
いーから、いーから。

※慶安事件：１６５１（慶安４）年、由比（井）正雪、丸橋忠弥らを首謀者とする牢人の反乱計画。未然に発覚し、正雪は自刃、一味は捕らえられた。

1651(慶安4)年　武蔵国　江戸城
あれ？さっきと同じだ、また江戸城ですか。
前のシーンから数年後のね。
？
あれは誰ですか？
上座は老中だろうね。実は家光が死んだ直後なんだ。
四代将軍家綱はまだ少年で、表にはあまり出てこない。
重要なのは下座の坊主頭の男。徳川家康の異父弟の子で松平能登守定政。出家して不《ふ》白《はく》と名乗っている。

多くの日本人は知らないが、
家光の小姓だった彼は
思わぬ行動で幕府の御政道を
正そうとした。
知らないなあ。
どんなことを
やったんですか？
家光の死の直後、
菩提を弔うため
出家した。
つまり大名の地位を
捨てた。そして封禄二万石を
すべて返上。これを五石ずつ
分割して、困窮する四千人の
武士の救済に当ててくれ
と幕府に書状を出した。
いい人だ〜、
きっとお褒めの言葉を
もらうんですね。
まあ
聞いてて
ごらん。
……
上意！

ははっ！
能登守松平定政！
その方儀、乱心の末、様々な奇行に及びし段、誠に不届き至極。
よって領地召し上げの上、
松平本家に御預けとするもの也。
へ？
褒めてないですよ、これ。
その通り。
つまりこういうことだ。

お前は頭がおかしいから、大名の地位も封禄もすべて召し上げ、本家で※蟄居《ちっきょ》せよとね。
どうして、そうなっちゃうの？
困窮してる人を救済しようとしてるのに。
だって、家康は神様だよ。
東照神君家康公だ。その神様が決めたルールが間違ってるはずがない。
批判する奴は頭がおかしい、これしか言いようがない。
だから何も変えられない。
んーっ、何だろ、この怒り。無性に腹が立ってきた。
だ、だめだ、こりゃ！
ガクッ
これが歴史なんだよ。

※蟄居：江戸時代、武士に科した刑罰の一つ。一定の場所に閉じ込めて謹慎させた。

1 歴史教科書では分からない江戸幕府の統治システム

江戸幕府の統治機構といえば、教科書に載っている〈図①〉のような「組織図」が思い浮かぶ。しかし、これは一種のまとめであって、江戸時代に存在した役職を並べたにすぎない。これでは江戸時代の政治のダイナミズムは決して理解できない。

注目していただきたいのは「側用人《そばようにん》」である。側用人は江戸時代初期には存在しなかった。これを制度上はっきりと位置づけ、最大限に活用したのは五代将軍徳川綱吉なのである。

なぜ綱吉はそんなことをする必要があったのだろうか？　ここで江戸時代の幕府の中枢部分、つまり組織全体の意思決定のやり方を検証してみたい。

初代将軍徳川家康の頃は〈図②〉の【タイプA】だった。要するに、家康にすべての権限が集中するという形である。なぜなら徳川家は政府というよりは軍団であったからだ。戦争は時間のかかる合議制では勝てない。源義経も織田信長も一人で迅速に決断し行動に移した。だからこそ勝つことができた。軍師（参謀）の意見は聞くがあくまで決断は一人で行なう、家康も徳川家をそういう組織にしておく必要があった。

しかし関ヶ原の戦いで勝ち、徳川家の天下が確立した時、家康があえて後継者に選んだのは優秀な戦闘指揮官ではなく、他人の意見もよく聞く穏やかな性格の三男秀忠であった。秀忠と言えば、大軍の指揮を任せられながら、最も肝心な関ヶ原の戦いに「遅刻」したことでも有名である。軍団の長としては、他家に養子に行ったとはいえ極めて優秀な次男秀康もいるし、六男忠輝もいる（長男信康は不幸な死を遂げていた。『コミック版 逆説の日本史 戦国三英傑編』参照）。

それでも家康が後継者に選んだのは、秀忠だった。なまじ独裁者だと組織を破滅に導く可能性もあると考えたからだろう。豊臣秀吉がいい例だ。そこで徳川家に忠実な譜代大名の中から複数（4～5名）選ばれる「老中」が将軍を補佐すればいいと考えた。いや、補佐というよりも、実質的には老中が合議で決めたことを、将軍はただ承認すればいいという形に変えたのである。これが【タイプB】だ。こういう形なら、大きな間違いは起こらない。

家康はもともと慎重な人間であった。戦争の時は勇敢だったが、必要でなければ決して危険なことはしなかった。健康にも十分に留意していた。これからは戦争があるとしても、関ヶ原の戦いのように日本を二分するようなことにはならない。ならば老中合議制の方が安全でうまくいく。もし万一、将軍が意思決定できないような事態に陥っても、老中合議制なら乗り切れる。

徳川本家に跡継ぎが絶える可能性まで想定して御三家を創った家康である。実際、七代将軍家継で本家は絶え、御三家の一つ紀州家から八代将軍吉宗が入って跡を継いだ。「保険」は見事に役立ったのである。そこまで考えていた家康が、将軍が意思決定できない事態を想定していなかったはずはない。三代将軍家光が死んだ時、四代将軍家綱はまだ少年であった。しかし、老中合議制だったから、幕府はこの危機を乗り越えることができたのである。

当たり前の話だが、この体制では、将軍が独裁者になることはできない。つまり、自分の思い通りの政治をしたい、これまでの常識をすべて変えたいという将軍にとっては、これほどやりにくい体制もない。何か新しいことをやろうとすると、「それは権現様のお決めになったこととは違います」とすべて反対されるか

〈図①〉江戸幕府の統治システム

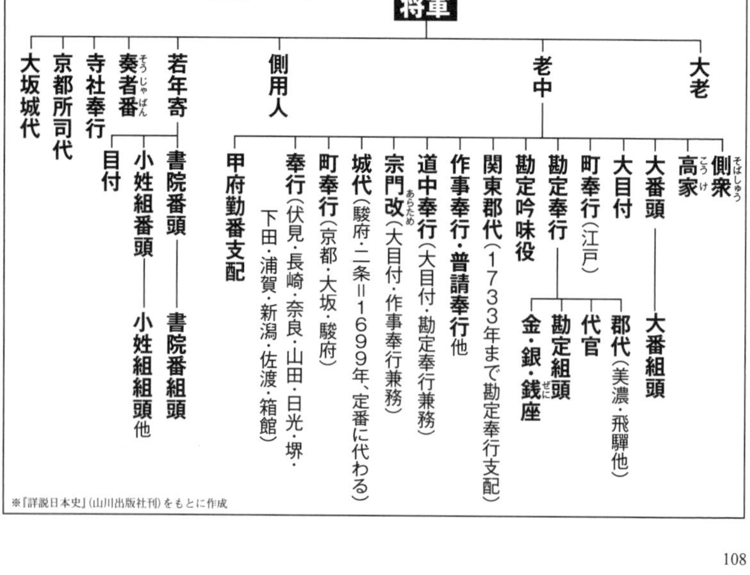
将軍
大老
老中
側用人
若年寄
奏者番《そうじゃばん》
寺社奉行
京都所司代
大坂城代
側衆《そばしゅう》
高家《こうけ》
大番頭
大番組頭
大目付
町奉行（江戸）
勘定奉行
郡代（美濃・飛騨他）
代官
勘定組頭
金・銀・銭《ぜに》座
勘定吟味役
関東郡代（1733年まで勘定奉行支配）
作事奉行・普請奉行他
道中奉行（大目付・勘定奉行兼務）
宗門改《あらため》（大目付・作事奉行兼務）
城代（駿府・二条＝1699年、定番に代わる）
町奉行（京都・大坂・駿府）
奉行（伏見・長崎・奈良・山田・日光・堺・下田・浦賀・新潟・佐渡・箱館）
甲府勤番支配
書院番頭
書院番組頭
小姓組番頭
小姓組組頭他
目付

※『詳説日本史』（山川出版社刊）をもとに作成

らだ。
　この「老中の壁」をどうやって突き崩すか。もうお分かりだろう。そう考えた五代将軍綱吉の打った妙手が、側用人の設置なのである。【タイプC】だ。将軍と老中の間に側用人をポンと置くだけで、将軍は自分の意に沿わぬ上申には側用人を通して差し戻し、修正させることができる。
　そうした上申と修正を繰り返していれば、そのうち老中も「上様のお考えに沿うにはどうしたらよいか」と側用人と合議するようになる。側用人は、柳沢吉保《よしやす》のように将軍の意図を知り尽くしているから、ここで将軍の意図は実現されることになる。たとえそれが「生類憐みの令」のように武家社会の根本常識を覆すものであっても、だ。

〈図②〉徳川将軍の政策決定

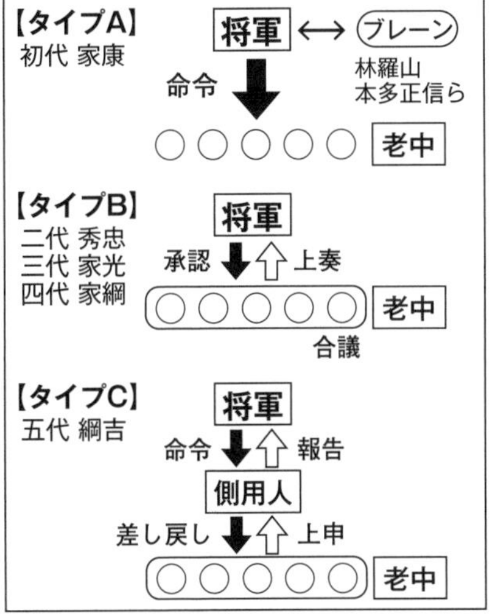

【タイプA】
初代 家康
将軍
ブレーン
林羅山
本多正信ら
命令
老中
【タイプB】
二代 秀忠
三代 家光
四代 家綱
将軍
承認
上奏
老中
合議
【タイプC】
五代 綱吉
将軍
命令
報告
側用人
差し戻し
上申
老中

　政治の天才家康が、自分の子孫が勝手な政治ができないようにと【タイプB】を創始したのに、綱吉はそれを別のアイデアで打ち破った。つまり、綱吉も家康に劣らない政治の天才だということである。これ以後、側用人の力が老中に勝るようになり、改革を目指した八代将軍吉宗は、いったんは側用人を廃止したが、結局は「御用取次」と職名を変えた実質的な側用人を置いた。
　また、十代将軍家治のように、明らかに「開国」を目指していた将軍は、側用人に注目し田沼意次《おきつぐ》（後に老中）をそれに任じた。
　綱吉は武家社会の常識を完全に覆すための法律を立案したばかりでなく、政治システムを変更し、実現させた。
　この天才綱吉を、これまでの日本の歴史学界は「お犬様大事のバカ将軍」と決めつけ、〈図①〉のような組織図で江戸時代を「教えて」きたのである。

逆説コラム2 「親孝行」を絶対的な道徳基準とする朱子学とは

朱子学とは何か、改めて考えてみよう。基本的に朱子学とは、紀元前に孔子や孟子が提唱した儒教を、約千七百年後に朱子がより厳格に精密にしたものである。

従って、まず儒教を説明せねばならない。平たく言えば儒教とは、キリストやアッラーやブッダのような人間の形をした神様（人格神）を一切否定する教えである。ならば無神論かといえばそうでもない。天空そのものを世界の支配者「天」として崇拝する。それ故に個人の運命を「天命」、地上の支配者である皇帝を「天子」と呼ぶ。天から人間社会の管理を委託された人間、という意味だ。

他の宗教に対する儒教の態度を簡潔に述べれば、「目に見えないものは信じない。神や仏があると言うならこの場に出してみろ。どうだ、出せないだろう。そんなものを信じるのは迷信で理性的な人間のすることではない」ということだ。

しかし、キリストやアッラーやブッダは教えを説いて人間を導いてくれるのに対して、天は何も言わない。それでも、道徳の基準は必要だ。そこで古代中国人は次のように考えた。「目に見えないものは一切否定するという人間でも、認めなければいけない絶対的事実がある。今ここに自分が存在するのは両親が作ってくれたから、ということだ」と。

従って、「人間たる者、その親の恩に対して深く感謝し報恩（恩返し）しなければならない」、その報恩を彼らは「孝（孝行）」と呼んだ。

動物はいくら親に大切に育ててもらっても親に恩返しはしない。そこが人間と動物の決定的違いであり、「孝」を道徳の柱にすることこそ最も正しい人間の道だ、と古代中国人は考えたのである。

儒教は「天」という絶対的な存在を認める。その点では宗教なのだが、その信者である古代中国人は、「我々は存在を証明できない神仏などは信じない、合理的で理性的な人間だ」と考えたので、「儒教」と呼ばれるのを好まなかった、だから「儒学」と呼んだ。朱子学も「朱子教」と呼ばれないのはそのためで、宗教（＝迷信）などではなく哲学だ、というのが彼らの立場である。

エピソード6 江戸幕府の基盤を築いた保科正之は名君か

1659(万治2)年
武蔵国　江戸
大きな橋を造ってますね。
幅が4間《けん》つまり7m以上あるからね。
通称「大橋」。後に両国橋と呼ばれるようになる。
江戸側は武蔵、川を渡れば※下総《しもうさ》だから、二つの国を結ぶ橋ということでね。
この辺りも両国という地名になった。

※下総：千葉県北部。

実は「ここが歴史の分岐点！」なんだ。
出た！久しぶりに、その台詞。
でも、何で？
この時から二年前に、日本災害史上最悪とも言うべき※明暦の大火があった。
江戸は町屋どころか江戸城天守まで焼失してしまった。十万人が死んだので下町に大穴を掘って埋め、その上に寺を建てた。
十万人！そんなに？
火の勢いも強かったが、この大きな隅田川に、橋は上流の千住《せんじゅ》に一本だけ。多くの町人が火に追われて溺れ死んだ。
近代以前、水泳は特殊技術だからね。
でも江戸って、日本の首都でしょ。なのに橋が一本ですか？
—江戸 隅田川—

※明暦の大火：1657（明暦3）年正月、江戸本郷の本妙寺から出火、江戸城および江戸市街の大半を焼失した大火事。死者十万人余。振袖火事とも。

首都だから、って言えば分かる？
そうか！
隅田川は江戸を守るための天然の堀。だから大井川のように橋を架けさせなかった。
正解。しかし、十万人もの犠牲者は幕府の考え方を変えた。どう変えたかというと…
軍事より経済、庶民の幸せを考える。
そう、※民生優先ってこと。ただし切り替えるのは並み大抵のことじゃない。
それを見に行こう。
はい！
武蔵国
江戸城　同日

※民生：人民の生活・生計。

ここは？
同じ日の江戸城本丸。焼け跡に土台の石垣だけが残ってるところだ。
……？
諫
切腹？
？
将軍補佐役
※保科肥後守正之

※保科正之（1611～1672）：江戸前期の大名。徳川秀忠の庶子。信濃高《たか》遠《とお》藩主保科正光の養子。後に、会津二十三万石の領主。

これは
肥後守様。
何か書状を
残したと
聞いたが。
これでござる。
諫
……
この者、※御先手組《おさきてぐみ》
配下の——
申すな！
よいか、
この者は病死じゃ。
急病にてみまかった、
左様に処置せよ！

※御先手組：江戸幕府の職名、先手組。弓組と鉄砲組に分かれ、江戸城諸門の警備、将軍外出時の警護などを担当。

……
新九郎、わしの処置に疑念があるようだな。
いえ、疑念など、滅相もございません。
顔に書いてあるぞ。
弥四郎、疑念を晴らしてやれ。
畏《かしこ》まりました。
新九郎、
ああせねば、御政道批判の罪を問わねばならぬ。されば家の者も無事では済まぬ。
そういうことだ。
では、書状に何が書いてあったか、分かるな、申してみよ。

はっ、されど…
ためらうな、これも修行じゃ。
おそらくは殿が天守閣再建を取りやめたことに異を唱えたものかと。
よう見た。
諫
保科肥後守は不忠不孝の佞臣《ねいしん》じゃと罪状を連ねてあるわ。
誠にもって不届至極。
何を申す。あの者の言う通りじゃ。この江戸城は畏れ多くも神君家康公が築城された天下の名城。
その城を焼亡させた上に、城の要である天守を再建せぬとは、徳川の臣にあるまじき不忠者。
加えて神君は我が祖父でもある。
不孝者と罵《ののし》られても仕方あるまい。そうであろう。
……

※佞臣：悪臣。

だが政《まつりごと》に携わる者は、第一に民の幸せを考えねばならぬ。不忠不孝と罵られてもな。
あいにく御公儀には天守を再建し、さらに大橋を架ける金はない。
あちらを立てれば、こちらが立たず、それが政じゃ。迷った時は民の幸せを考えよ。よいな、新九郎。
ははっ、肝に銘じます。
そうじゃ…由比正雪を覚えておるか。
はい、八年ほど前に謀反を企み、事前に発覚して自害した天下の大罪人でございましょう。
天下の大罪人か…そなたの申す通りじゃが、「盗人にも三分の理」とも申すぞ。

弥四郎、あれを見せてやれ。
はっ。
?
正雪の遺書の写しじゃ、読んでみよ。
天下の制法無道にして、上下困窮仕り候《そうろう》事《こと》、心有る者、誰か悲しまず候《そうろう》哉《や》。然《しか》るを松平能登守殿、諫《かん》言《げん》のため、遁《とん》世《せい》致さるといへども、却《かえっ》て狂人と罷《まかり》成《な》り、忠義の志、空しく罷成り候事、天下の大なる歎き、上様御為宜しからざる儀に存じ候。
どうじゃ。
はっ、どうと仰せられましても…
能登守不白殿の扱いを難じていることは、耳が痛いであろう。
されど、大罪人にございます。

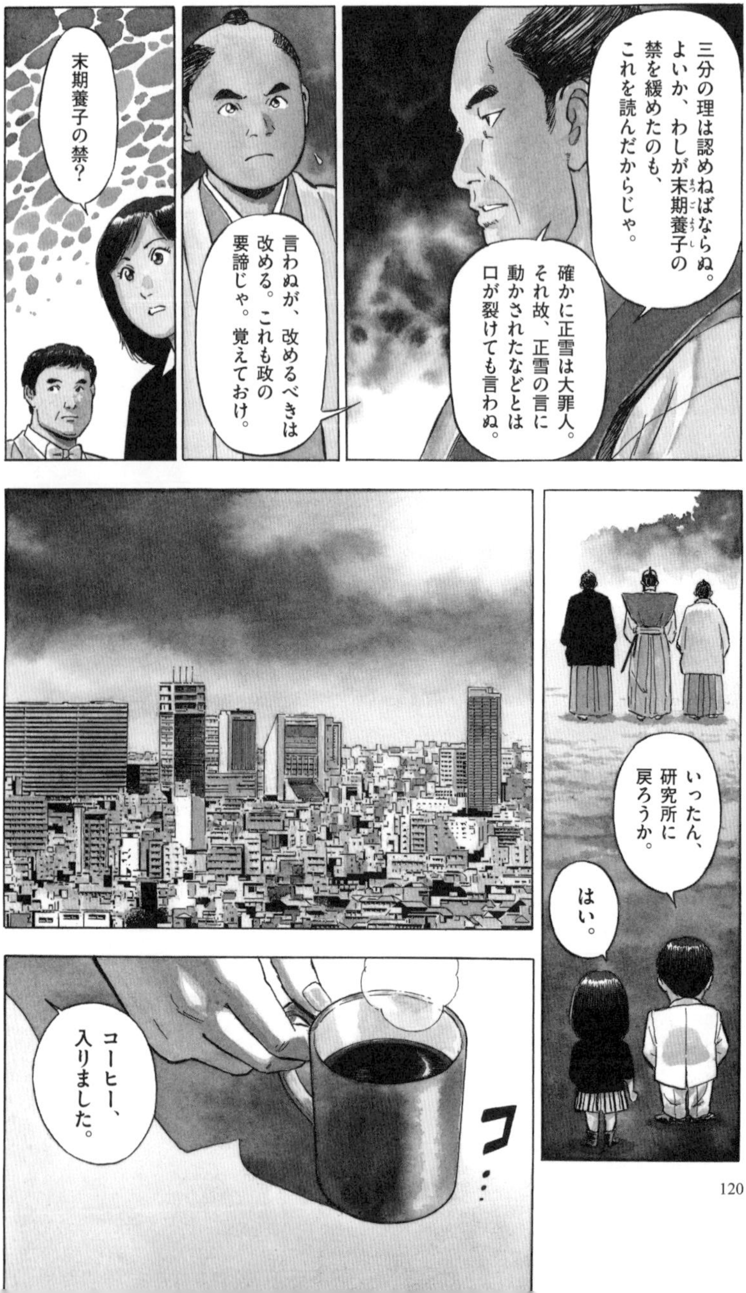

三分の理は認めねばならぬ。よいか、わしが末期養子《まつごようし》の禁を緩めたのも、これを読んだからじゃ。
確かに正雪は大罪人。それ故、正雪の言に動かされたなどとは口が裂けても言わぬ。
言わぬが、改めるべきは改める。これも政の要諦じゃ。覚えておけ。
末期養子の禁?
いったん、研究所に戻ろうか。
はい。
コーヒー、入りました。
コ…

ありがとう。
さっきの末期養子の禁って、何ですか？
武家諸法度に基づく家康のルールだ。
末期養子とは、跡継ぎを決めていない大名が末期つまり死に際に急きょ養子を決めること。
その禁止だから、跡継ぎは事前に届けておけというのが末期養子の禁。これで多くの大名が取り潰された。
跡継ぎなしということでね。
どうしてですか？
ちゃんと跡継ぎを決めておけばいいのに。
殿様が若ければいずれ子が生まれると誰もが思う。弟や甥を養子にした後で実子が生まれた時、御家騒動になる。
応仁の乱もそれが原因だからね。トラブルは招きたくないだろ。
そっか、
跡継ぎを決めておかないうちに殿様が死んだら、取り潰されちゃうんだ。

そうした事態を避けるため、建前としては生前の届けが必要だけど、
家臣が協議して、実はこういう遺言があって養子が指名されてましたと届け出る裏技があった。
幕府はそれを次第に認めるようになって、大名は滅多に潰されなくなる。保科正之がその道を開いたんだ。
ところで保科さん、家康はおじいさんだって言ってたけど、保科姓ということは母親が家康の娘？
それが違うんだ。
父親は二代将軍秀忠だけど側室の子だった。秀忠の正夫人は浅井《あざい》長政の娘江《ごう》で極めて嫉妬深かったから、
秀忠は正之の暗殺を恐れて保科家に預け、彼はそこで育てられた。大人になって兄の家光に呼び戻され、
まさに末期の兄から四代将軍となる甥の家綱の将来を託された。

正之は野心のない謙虚な人柄で、家光は全幅の信頼を置いていたらしい。
それで思い切ったことがやれるんですね、何か名君って感じだった。
それは当たってる。
天守閣再建を中止させただけでなく、
両国橋を架《か》け、江戸の水不足解消のために玉川上水を造らせている。
気がついたかな？幕府には金がないと言ってたけど、金がなくても江戸城を再建する方法があるだろ？
！
大名にやらせる！でもそれじゃ大名が苦しむ。
だから、やらないんだ。
そう…だけど、この方針は彼一代で終わってしまった。
後に幕府は、財政難から薩摩藩に木曽三川の改修工事を命じたりした。

保科正之は、徳川綱吉とは別の形で戦国を終わらせ、太平の世にした人間と評価してもいいだろうね。
保科正之公
すごい名君じゃないですか。何で「大河ドラマ」にならないのかな。
ふふふ
またその笑いか。
人間というものはいろいろな側面を持っている。
歴史もそうだけどね。
コ…
彼のその後をちょっと見に行こうか。
何か、意味深ですね。

1666（寛文6）年
陸奥国（福島県）会津
あれ、誰です？
何を言ってるんだ、保科正之だよ。
きょうは※会津藩主としてここに来ている。
江戸時代ですよね？戦国時代に戻ったのかと思った！
わっ！

※会津藩：正之の子孫は後に松平姓を名乗り、会津松平家となる。最後の藩主は京都守護職となり新選組の保護者となった松平容保《かたもり》。

ダッ
御注進!
ただ今
永福寺観音堂の
破却を終えまして
ございます。
うむ。
大儀であった。
殿、後は馬越《まこし》村の
洞泉寺を残すのみ
でございます。
陽が落ちる前に
片がつくのう。
お取り次ぎを!
?
殿様に御願いの
儀がござる!
馬越村洞泉寺の
住職にござる!
何とぞお取り次ぎを!

無礼者、下がるがよい！
まあよい、聞くだけは聞いてやろう。洞泉寺の住職と申したか。
願いの儀とは外《ほか》でもございませぬ。
此度の寺院破却の儀、何とぞ当寺だけはお許し下さりたく、罷り越しました。
ならん！
仏法なるは、誰も見たことのない地獄極楽を説き、民を惑わす邪教じゃ！
寺を残すなど百害あって一利なし！
当寺は開基以来、民の信仰を集めている古刹にございます。
それがどうした！
ならばその間、民を欺き続けたということぞ！下がれ！

どっ
ひどい、どうして
こんなことを
するんですか。
神や来世を信じない
儒教信者にとって
仏教なんて邪教なんだよ。
もちろんキリスト教も
イスラム教もね。
すべて合理的に
考える、それが
儒教であり朱子学。
保科正之は熱烈な朱子学
信者の一人なんだよ。
この年、徳川光圀も
水戸藩内で同じことを
やっている。
そう言えば
光圀も正之と同じ
家康の孫だね。
この弾圧、明治になると
全国展開する。
それが※廃仏毀釈《はいぶつきしゃく》。
全国の仏教寺院が破壊され
仏像や経典が燃やされた。
その始まりが
これってこと？
廃仏毀釈って
朱子学が原因
なんですか？
それだけ
じゃない。
もう一つある。
この後、保科正之は
江戸に戻るんだけど、
そこである人物に会う。

※廃仏毀釈：仏教を廃し釈迦の教えを棄却する意。明治政府の神道国教化政策で起きた仏教の排斥運動。１８６８（明治元）年、神仏分離令発布と共に、仏堂・仏像・仏具・経典などの破壊が各地で行なわれた。

—江戸—
師よ、
お教え通り国許《くにもと》の寺を破却して参りました。
天照皇大神
まあ、お手をお上げ下され。
儒者・神道家 ※山崎闇斎《あんさい》
それでは話もできませぬ。
それにしても、ようなされました。
お褒めに与《あず》かり光栄にございます。
では、いよいよ神の道の奥義を授けられる時が参りましたな。
誠に授けて頂けましょうか。
授けられるまでもなく肥後守殿は悟っておられる。
これでよいかどうか、お知りになりたいだけ。

※山崎闇斎（1618〜1682）：江戸前期の儒学者・神道家。神儒一致説を唱え、垂加神道を興した。

申し上げよう。朱子学の説く真の主君とは、徳をもって世を治める王者であるが、このような主君は※唐《もろこし》にも※韓《から》にもない。
あるのはこの日《ひ》の本《もと》のみ。天照皇大神《あまてらすすめおおみかみ》の御子孫である天皇こそがそれ、そう考えておられる。
まさしく。
もはや、この闇斎、肥後殿にお教えすることあり申さぬ。
ここが歴史の分岐点！
おっと、二度目！
でも、どうして？
中国の伝統思想である儒教の朱子学と、日本の伝統思想である神道が、保科正之という合流点で合体した。
今後の、日本の方向性はここで決まったんだよ。
ええっ！

※唐：中国。　※韓：朝鮮。

エピソード7
水戸黄門から始まった日本的朱子学の発展

途中、眠ってなかった?
眠ってません!
今日の芝居、役者の演技ではなくて、芝居の構成でおかしいと思ったところはない?
「義経千本桜」と言いながら、桜がまったく出てこないってこと?
歌舞伎事典か何かで仕入れた知識だね、それは…
もっとおかしな点がある。
義経はほぼ全場面に登場するから、形の上では主役だけど、むしろ狂言回しという感じだろ。
こう言えば分かるかな…
江戸時代の価値観では、義経は人気があっても主役になれない。
えっ、どうして?
朱子学だよ。彼は兄の源頼朝に逆らった。親も同然の兄貴にね。

それは朱子学で最も大切な「孝」に反する。しかも頼朝は「忠」を尽くすべき主君でもある。
つまり義経は「忠孝」共に守っていないことになる。
だからいかに軍事の天才で悲劇のヒーローでも、その行動は高く評価するわけにはいかないんだよ。
「義経千本桜」は義経を取り巻く様々な人間を桜にたとえたんだろうね。
忠を尽くすと言うなら武蔵坊弁慶の方がずっと評価が高い。
なるほど、朱子学の影響って、そんなとこまで…
朱子学の影響は普通の日本人、いや歴史学者の先生方が考えているよりもはるかに大きい。
特に、前に見た山崎闇斎と保科正之の間であった「朱子学と神道の合体」。
この「神儒一致」については、研究所で解説しよう。

アクル
マイフム
さてと…
いいかな、まず――……
君
キュ
「君」は主君。
臣
キュ
「臣」は、臣下あるいは家臣。
ちょうど子が親に「孝」を尽くし誠実に仕えるように、家臣は主君に「忠」を尽くさねばならない。
君
臣
ここまではいいね。
ところが親子関係と君臣関係の大きな違いは、親子関係は選べない点。
どんな悪い親でも孝は尽くさなければならないんだが、君臣関係は違う。

悪い主君なら家臣が討伐してもいい、と孟子は述べた。
ただし条件がある。その主君が仕えるに値しないほど悪い奴でなければならない。その判断基準がある。
君
徳
臣
それが「徳」だ。
徳ですか、でも徳って何?
辞書には「精神の修養によってその身に得た優れた品性・人徳」なんてあるけど、
本当のところはよく分からない。
そんな無責任な。
中国では前の王朝を滅ぼして新たに皇帝になった者が何人かいるが、
皇帝達はすべて「徳があった」ことになってる。

徳があったからこそ天下が取れた。天がそれを祝福したと考える。
君
徳
臣
家康は朱子学の考えが分かっていて、松平から改姓する際に「徳」川と名乗ったんだ。
ずっと戦《いくさ》ばかりしてきた日本で、勝ち残っただけなのに、
徳ですか?
鋭い!
朱子学でも一応そういう考え方はあって、戦に勝って天下を取った奴、
つまり武力や陰謀で天下を取った人間を「覇者《はしゃ》」と呼ぶ。
キュ
キュ
そして覇者は真の主君ではない。本当の主君は…
徳をもって世の中を治める「王者」の方だ。そして――…
王者＞覇者→尊王斥覇
キュ

ソンノウセキハ、ですか。
君
徳
臣
王者＞覇者→尊王斥覇
よく読めたね。王を尊び覇を排斥する。朱子学の生まれた中国より日本でこの議論は盛んになった。
どうして？
君の指摘通り、歴代の中国王朝の創始者なんて戦が強くて運がよかっただけ、だからさ。
徳があったなんて後づけの理屈。真の王者は一人もいない、覇者だらけじゃないか、と日本人は考えた。
日本だけは違うと…どうしてか分かる？
えーと、日本には本当の王者がいるってこと？
エクセレント！
ははは…
その王者こそが天皇。日本人はそう考えるようになったんだ。
でも、何かうまく言えないけど、理屈に合わないような…
ますます冴えてきたね、その通り。

王者には「徳」がなければならない。しかし天皇に徳があった、とどうして言えるのか？
それこそ山崎闇斎と保科正之が合意していたことだよ。
日本の天皇家は神の子孫であり、神代から連綿と続いている。
これは天皇家には神から与えられた「神徳（神としての徳）」があるからだという…
神道の信仰と朱子学が合体した。天皇家こそ真の王者、真の主君だ、と。じゃあ徳川家は？
どう考えても覇者ですよね。
つまり天皇家を尊重するためなら徳川家を倒してもいいってこと？
そう、家康はそもそも徳川家に対する反乱をなくすために朱子学を導入した。家康のルールでは、それが一番大切なことだった。
ところがその天才家康が考えたルールが完全に裏目に出た。徳川家への反乱を正当化する理論になってしまったんだ。
徳
王者＞覇者
え——っ！

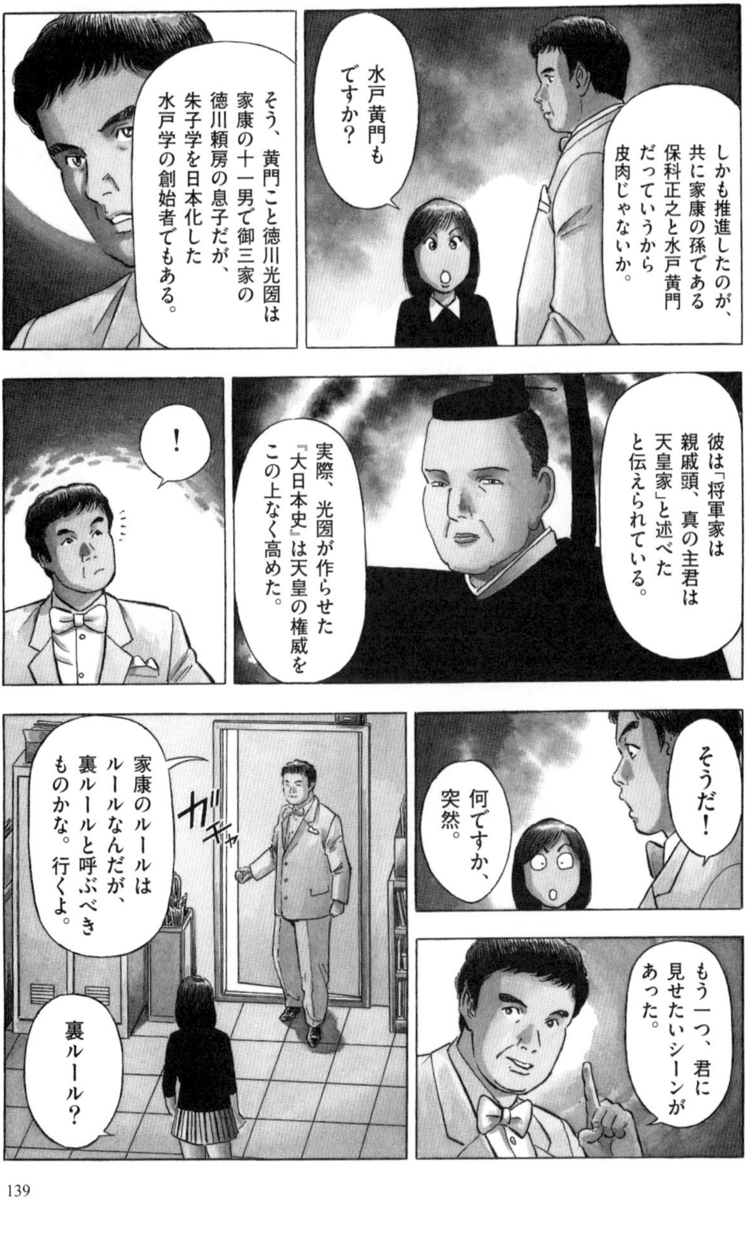
しかも推進したのが、
共に家康の孫である
保科正之と水戸黄門
だっていうから
皮肉じゃないか。
水戸黄門も
ですか？
そう、黄門こと徳川光圀は
家康の十一男で御三家の
徳川頼房の息子だが、
朱子学を日本化した
水戸学の創始者でもある。
彼は「将軍家は
親戚頭、真の主君は
天皇家」と述べた
と伝えられている。
実際、光圀が作らせた
『大日本史』は天皇の権威を
この上なく高めた。
！
そうだ！
何ですか、
突然。
もう一つ、君に
見せたいシーンが
あった。
家康のルールは
ルールなんだが、
裏ルールと呼ぶべき
ものかな。行くよ。
ガチャ
裏ルール？

水戸藩　江戸屋敷
?
光圀だよ。
えっ!?黄門様が病気?
水戸黄門だからってジイさんとは限らない、テレビの見過ぎ。
病床にいるのは光圀の父頼房で、臨終を迎えている。
枕元にいるのが光圀。父子、最期の別れってやつだ。

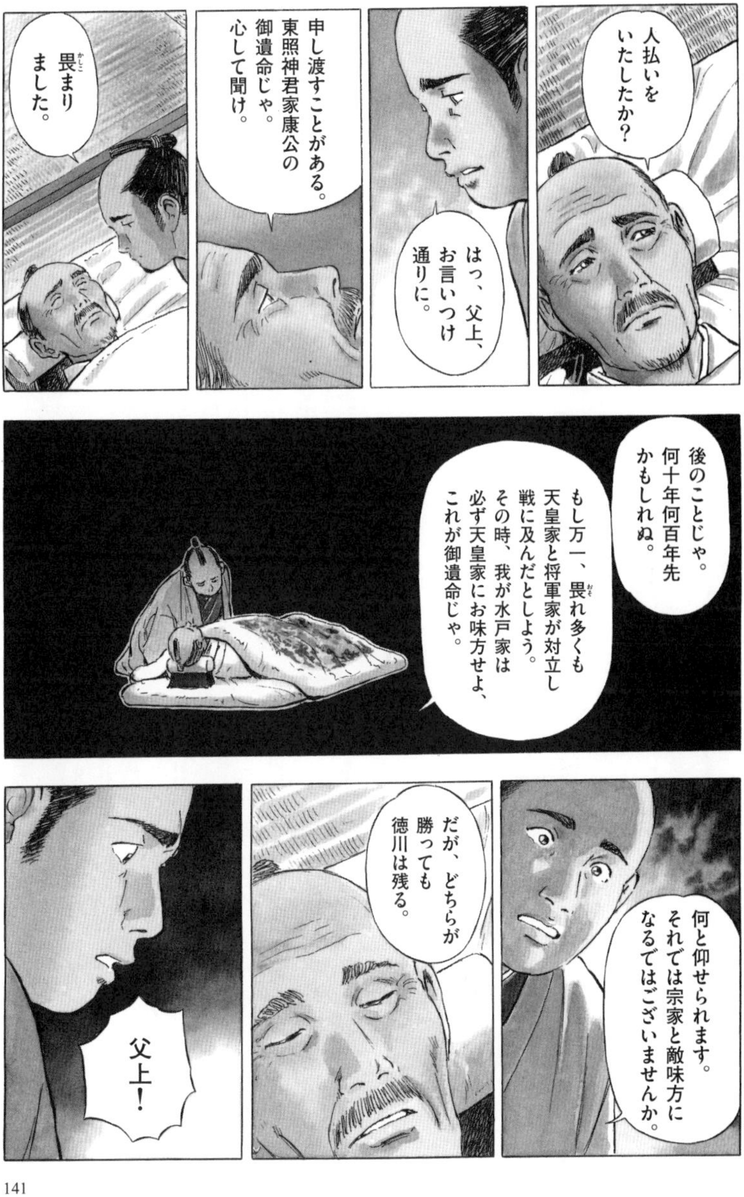
人払いをいたしたか？
はっ、父上、お言いつけ通りに。
申し渡すことがある。東照神君家康公の御遺命じゃ。心して聞け。
畏《かしこ》まりました。
後のことじゃ。何十年何百年先かもしれぬ。
もし万一、畏《おそ》れ多くも天皇家と将軍家が対立し戦に及んだとしよう。その時、我が水戸家は必ず天皇家にお味方せよ、これが御遺命じゃ。
何と仰せられます。それでは宗家と敵味方になるではございませんか。
だが、どちらが勝っても徳川は残る。
父上！

日頃から朝廷にはよしみを通じておくことじゃ。

武家諸法度では諸大名と公家との親しい交際を禁じておるが、

我が水戸家はお構いなしと見ぬふりをすることになっておる。よいか、この儀、必ず子々孫々伝えるのだぞ。
承りました。
必ずお言いつけ通りに…
これって、保険ですか？
そういうことだね。
朝廷を様々な手段で封じ込めておきながら、一方ではこういう手も打っておく。
やっぱり家康は天才だね。
もっとも学者先生はこんな事実はないと反論する。確かに史料にはない。
しかし水戸徳川家はこれ以後、ずっと勤皇の家柄で、光圀を入れて四人の当主が公卿の娘を正室にした。

※皇女：天皇の娘。

※幕末の九代当主斉昭《なりあき》は皇女を嫁に迎えて、その息子が最後の将軍徳川慶喜《よしのぶ》だ。
水戸家出身の人間が本家を継いで将軍になるとは、さすがの家康も計算外だっただろうけどね。
やっぱり家康ってすごい。
水戸藩二代光圀の正室は、近衛尋子《このえちかこ》、関白左大臣近衛信尋《のぶひろ》の次女。
信尋は、後陽成《ごようぜい》天皇の第四皇子。五摂家の近衛家の養子になり、十九代当主となる。これにより近衛家は皇別摂家に。
水戸徳川家では以後、三代・五代・六代と公卿の娘が正室となった。
ちょっと寄り道だったかな。
じゃあ、本来の話の最終段階を見に行こうか。
本来の話って、朱子学が江戸時代に与えた影響ですよね。最終段階って？

朱子学の普及によって真の主君は天皇家ということにはなった。これが日本的朱子学の発展の第一段階だ。
だからと言ってすぐに「徳川家を倒せ」には繋がらない。
あくまで形の上だけど、将軍は天皇に任命されているから、「将軍への反抗は天皇への反抗に等しい」という考えが成り立つ。
それが第二段階？
そういうこと。幕府は、天皇から委任された合法政権だからね。
でも、この考え方を超えないと、日本的朱子学は討幕の原理には発展しない。
それをこれから検証するよ。
あれ？研究所ですか。
最終段階の現場を見に行くんじゃ…
うん、その前に…
？
え〜と、これこれ。
このDVDを観ておかないとね。

忠臣蔵
え？「忠臣蔵」？
そ、一度は観たことあるだろ？
一度というか、年末時代劇とかで、
何度か観ました。
そっか、
じゃ、改めて事件の目撃者になったつもりで…
目撃者？
「忠臣蔵」おなじみ、刃傷《にんじょう》松の廊下の場面だよ。
待て！上野介《こうずけのすけ》！
この間の遺恨覚えたか！

高家筆頭　吉良《きら》上野介《こうずけのすけ》義央《よしなか》
赤穂藩藩主　浅野《あさの》内匠頭《たくみのかみ》長矩《ながのり》
被害者がどういうふうに斬られたか…
被害者って？
決まってるだろう、吉良上野介さ。ここ、よく目に焼きつけといて。
じゃ、実際の現場に行ってみよう。
えっ!?
そんな名場面を見られちゃうんですか!?

1701(元禄14)年
3月14日　午前11時
江戸城内
松の廊下
吉良上野介
梶《かじ》川《かわ》与《よ》惣《そ》兵《べ》衛《え》
あれ吉良上野介ですよね。
浅野内匠頭は？
ここからだと見えないな、後ろへ回ろう。

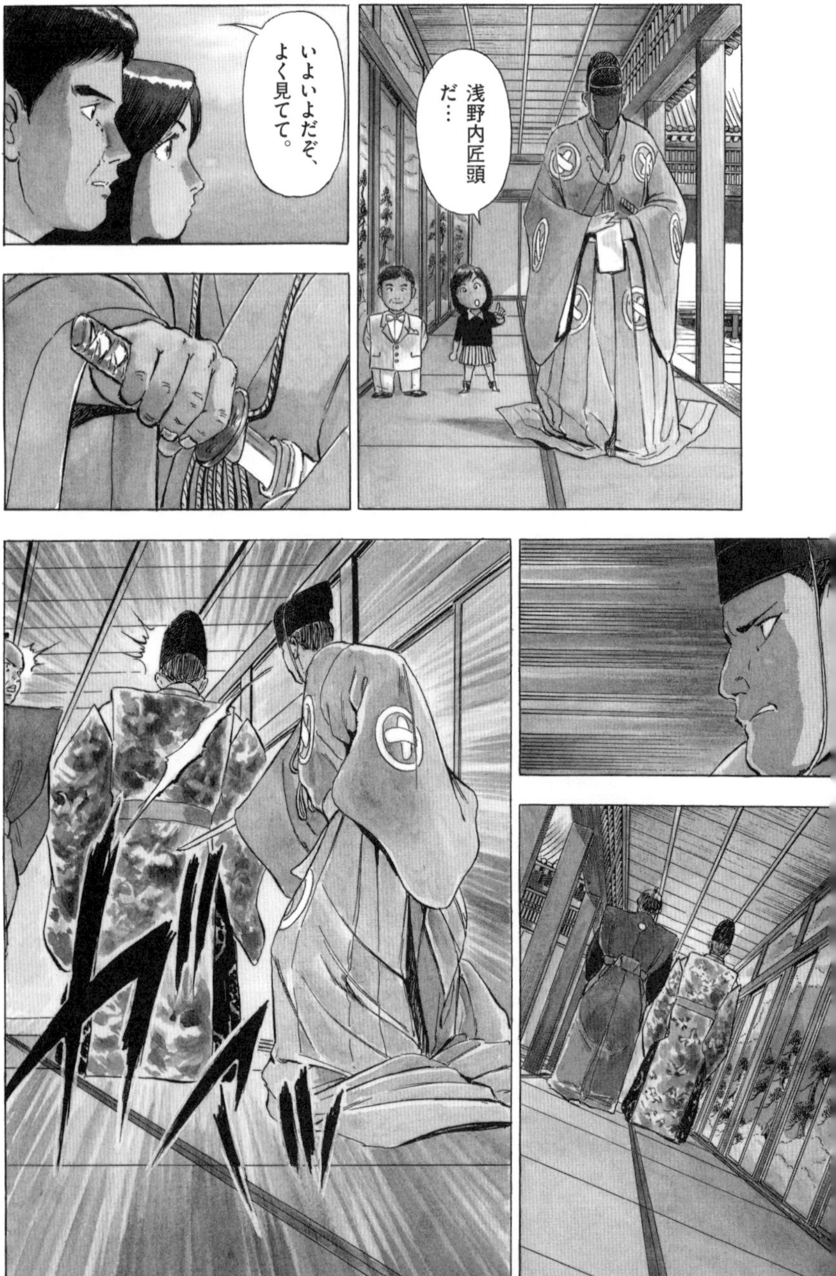
浅野内匠頭だ…
いよいよだぞ、よく見てて。

ドラマと違うっ！
後ろから斬りつけてる！
そう「忠臣蔵」って、あくまでドラマ。つまりデタラメで事実じゃない。
問題は、なぜデタラメがあたかも真実のように未だに語られているのか。
これって、日本的朱子学と関係あるんですか？
大ありさ。この後、大石内蔵助《くらのすけ》が主君浅野内匠頭の「仇討」をして吉良上野介を殺し、「忠臣」「義士」として認められる。
だが、本当にそれが正しかったのか、という大問題になるんだ。

エピソード8

赤穂浪士の仇討を美談に仕立てた「忠臣蔵」の虚実

ん？
どうした？
ふえ〜〜〜……
いや〜、リアルな「忠臣蔵」とか見てきて疲れちゃったかな。
あっそう！
「忠臣蔵」とは、現実に起きた浅野《あさの》内匠頭《たくみのかみ》による吉良《きら》上野介《こうずけのすけ》に対する傷害事件をモデルにした芝居、つまりフィクションの題名だ。
実際の事件の方は「赤穂事件」と呼ぶのが正しい。「忠臣蔵」というドラマはデタラメの極致。
それをもう一度、確認しよう。
え゛〜タフだな

デタラメの極致って容赦ないですね。
うん、それを象徴する場面が、
ここだ！
さっき浅野がキレて殿中での刃傷《にんじょう》、つまり吉良への凶行に及ぶのを観たけど、
そのきっかけになった場面だ。
おのれ、憎《に》っくき吉良上野介！
本日の礼装は大紋《だいもん》ではないか！偽《いつわ》りを教えおって！
殿っ！
源吾っ！

この大紋にお召し替えください。
おお、助かったぞ!
それにしても吉良め、許せぬ!
殿、今日一日の御辛抱でござる!
せっかく家臣がフォローしたのに、浅野は斬りつけてしまった。
分かっておる!
これこそ、「忠臣蔵」のデタラメさを象徴するシーンだ。

浅野はこの時、天皇の使者の接待役なんだが、若い頃にも同じ役を務めたことがある。
しかも、一大名として儀式に何度も参加している。そういう浅野が、服装が分からないなんてことはあり得ない。
えーっ、だったらなぜこんなシーンがあるんですか？
デタラメを積み上げてでも「吉良は悪いヤツ」ってことにしなければ、浅野の犯罪行為が正当化されないからだ。
犯罪ですか！浅野は吉良に散々イジメられたんじゃ？
そこが、「忠臣蔵」じゃなくて「赤穂事件」に対する最大の誤解なんだ。
吉良の浅野に対するイジメは一つも証拠が残っていない。
浅野が最後にキレる原因「デタラメな服装を教えた」も、あり得ない。

真相は、無防備な老人に、正面からではなく、卑怯にも背後から斬りつけていたんだ。
殺人未遂以外の何ものでもない。
当然、翌年12月14日の大石内蔵助ら「四十七士の討入り」も集団殺人であって仇討ではない。
えっ、でも日本三大仇討の一つじゃないですか！
曽我兄弟の仇討、荒木又右衛門の決闘鍵屋の辻。
それと赤穂浪士吉良邸の討入り…まあ異説もあるみたいだけど。
ホーッ
よく知ってるね。
ナメてもらっちゃ困ります。
てか、どれもドラマで観たんですけど。
そう、その仇討ってところが問題なんだよ。
例えば、君が暴走族のレディースナンバー2だとしよう。
はい？
レディース？暴走族のナンバー2？私が？

あり得ませ———ん!!
あくまでもたとえ話だって!
いったい、いつの時代の話ですか?
君の尊敬しているリーダーが、罪のない老人を鉄パイプで後ろから殴り殺そうとした。
ヒィイイ
そのために殺人未遂で警察に捕まり、刑務所で死んでしまったとする。
はあ…?

そこで、殺しそこなったんだからリーダーも無念だったろうと、君が残りのメンバーを率いてその老人を叩き殺し、
ポカ
ポカ
ポカ
リーダーの墓前で成仏してくださいと手を合わせたら、世間は君のことを褒めるだろうか？
その極端なたとえ話ですけど、言いたいことは分かりますよ。
……
要するに、リーダーのやったことがそもそも犯罪で、その遺志を継ぐことも間違いってことですよね。
そう、江戸時代でもそういう遺志を、邪《よこしま》な遺志「邪志《じゃし》」と呼んだ。
仇討とは、親や主君を殺した犯人を子や家臣が殺すこと。
赤穂事件の場合、吉良は被害者で、浅野を殺したわけじゃない。
浅野は江戸城内という神聖な場所で殺人未遂を犯したから死刑になった。つまり浅野を殺したのは幕府なんだよ。

つまり大石達は浅野の「邪志」を継いだだけなんだ。
でも義士って「正義のサムライ」という意味ですよね。
その通り！
どうしてそうなったか見に行ってみる？
はい！
こうなったら「忠臣蔵」の真相をとことんですね。
1703(元禄16)年　春
江戸城
ここは？
江戸城の謁見の間だ。上座に将軍徳川綱吉。
おお～

討入りは終わっていて、吉良は既に殺されている。
大石達、赤穂の浪人四十七人にどういう処分を下すべきか、将軍がブレーンの意見を訊いているところだ。
大石ら四十七人は「主君の仇を討った」と巷では評判でございますが、
浅野がまず吉良を殺さんとしたのであって、家来どもが吉良を仇と狙うは筋違い。
儒者　荻生徂徠《おぎゅうそらい》
浅野は、場所柄もわきまえず、吉良を殺そうとしたのでござる。
その邪志を家来どもは受け継いだだけ、本来「忠」とは申せませぬ。
では、天下の法を犯した科人《とがにん》として扱えと申すか？
左様にございます。
ただし己が生命をかけ、主君の思いを果たしたことには、同情の余地あり。
打首獄門《うちくびごくもん》ではなく、武士の礼をもって切腹を仰せつけになれば、あの者どもの面目も立ち、お上の御政道も傷つかぬかと。

信篤は
どうじゃ？
荻生殿の意見に
同じでございます。
大学頭《だいがくのかみ》　林信篤《はやしのぶあつ》
上様の御代に
主君のために命を
惜しまぬ者どもが
四十七人も出たことは
慶賀すべきこと。
よかろう。
では、かの者
どもにはすべて
切腹を命ず。
ははっ！

ここが歴史の分岐点！
え、どうして？
温情あふれる「よい御裁き」に聞こえた？
はい。
犯罪者ではあるけど、少しは言い分を認めてもらったわけでしょ。
そう、それを認めちゃったことが最大の問題なんだ。
この時点では明らかに犯罪者だけど、そのうちに「義士」として賞揚されるようになる。
だから赤穂義士を主人公にしたドラマが量産され、その集大成が「忠臣蔵」なんだ。
完成されたドラマだけど、大石らを忠臣として褒めるのがテーマだから、赤穂事件の真実は封印された。
一番損をしたのが吉良上野介だね。被害者なのに悪役にされてしまったんだから。
でも、それって歴史の分岐点と言うほど重要？

いい質問だ。
じゃ、それが分かるところに行こう。
琵琶湖
望楠軒
儒者　佐藤直方《なおかた》
天照皇大神

この二人は誰ですか？
天照皇大神
訪ねてきたのが佐藤直方。
迎えた庵の主人が浅見絅斎。二人は共に山崎闇斎の弟子で、
儒者　浅見絅斎《あさみけいさい》
もう一人を加えて※崎門《きもん》の三傑、三大弟子と呼ばれた優秀な儒者だ。
ただし二人の考え方はまったく違う。
もう一人の弟子って、保科正之ですか？
いいセンスだけど、彼は大名だから別格。でも保科正之の考え方に近いのが浅見絅斎で、
彼こそ明治維新を招いたという評価もある。そのきっかけはこの赤穂義士問題だ。
二人の会話を聞けば分かるよ。

※崎門の三傑：もう一人は三宅尚斎。

思いがけないご訪問、驚きました。
先祖の墓参りをしてきた。
ふと、おぬしがここにいることを思い出してな。議論をふっかけに参った。
なるほど、あの赤穂義士の問題でございますな。
義士ではない。
あれは単なる食いつめ浪人ではないか。
それも主君の邪志を継ぎ、罪なき老人を寄ってたかってなぶり殺した。
これが何で義士と言えよう。
では、彼らをどのように処遇すべきだったとお考えで？
知れたこと。
刑場で縄をかけたまま、首切り役の山田浅右衛門に首を刎《は》ねさせるべきであった。

浪人の管轄は江戸町奉行。その奉行が裁断し死罪を科せばよかったのだ。
それが御定法というものじゃ。
それでは世間が納得致しますまい。
法とは世間を納得させるためのものではない。
理と非を明らかにし天下の秩序を守るのが法じゃ。
世間に媚びてはならぬ。
左様な「※目の子算用」ばかりでは、真実を見失いまする。
異なことを申す。情に流されず目の子算用で物事を判断することこそ、儒者の役目。
恐れながら、それは考え違いと申すもの。
此度の、赤穂浪人どもの一件、
正義と認めれば、場合によっては法を破ることすら許されかねない。それでは御政道が成り立つまい。
神

※目の子算用：本来は道具を使わず計算することだが、ここでは精密な論理を展開すること。

そうか！なるほど…
おぬし、徳川の天下をひっくり返そうというのだな。
ご明察恐れ入ります。
「※望楠軒《ぼうなんけん》」か。
後醍醐天皇に忠を尽くした楠木正成にならって、幕府に反旗を翻《ひるがえ》すつもりか。
明らかな反逆ではないか。
反逆ではございませぬ。
徳川家は明白なる覇者。真に忠義を尽くすべきは王者である天皇家。それこそ朱子学の真髄。

※望楠軒：楠木正成を模範とする者の家という意味。

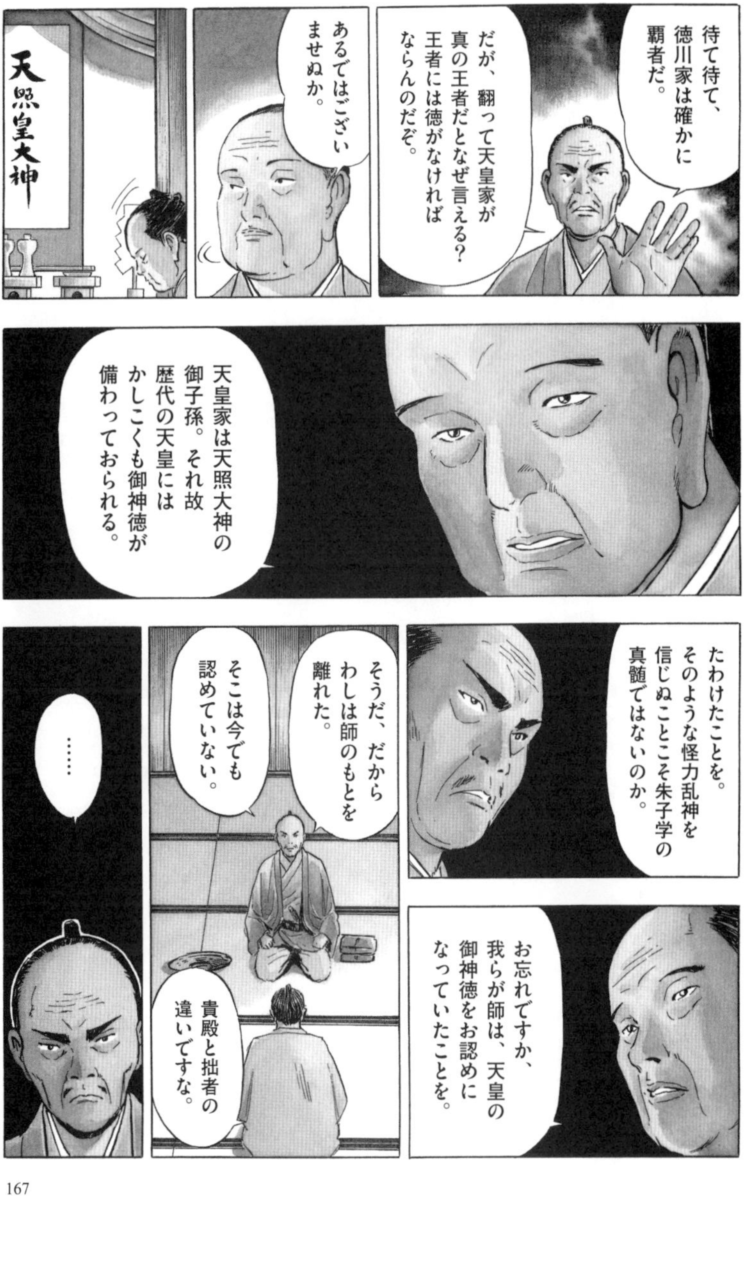
待て待て、徳川家は確かに覇者だ。
だが、翻って天皇家が真の王者だとなぜ言える？王者には徳がなければならんのだぞ。
あるではございませぬか。
天照皇大神
天皇家は天照大神の御子孫。それ故歴代の天皇にはかしこくも御神徳が備わっておられる。
たわけたことを。そのような怪力乱神を信じぬことこそ朱子学の真髄ではないのか。
お忘れですか、我らが師は、天皇の御神徳をお認めになっていたことを。
そうだ、だからわしは師のもとを離れた。
そこは今でも認めていない。
貴殿と拙者の違いですな。
……

これまでじゃ。
すっ
スッ
あの、いまいちよく分かんないんですけど。
赤穂浪士の行動を正義とすることが、なぜ徳川の天下をひっくり返すことになるかってとこ？
その通り！
って私が言うのも変だけど…
彼らは法を犯した。どんな動機であっても殺人は許されない。
である以上、法に則《のっと》って全員を死刑にするのが正しい政治だ。

しかし幕府は彼らを死刑にはしたが、その言い分を正義として認めてしまった。
つまり主君の不満を代弁するためなら、たとえ幕府の法を犯しても義士だということでね。
それって、まずいんですか？
まずいよ。
つまり、こうだ。
キュ
キュキュ
赤穂浪士四十七人を義士(正義の士)と認めると
↓
主君のためなら幕府の法を無視しても正義
↓
幕末になると勤王の志士達の論理に
↓
天皇のためなら幕府を倒しても正義
キュイ

日本的朱子学では、主君とは王者である天皇のこと。
つまり、真の主君である天皇のためなら、幕府の法を破っても正義になる。これが最終段階だ。
そうか…そういうことか。

エピソード9
「八代将軍吉宗vs尾張宗春」
本当の名君はどちらか
1758(宝暦《ほうれき》8)年　春
御所御学問所(京都)
よう分かった。
この日《ひ》の本《もと》では
帝《みかど》こそ
忠を尽くすべき
真の王者であり、
江戸の将軍などは
覇者に過ぎぬ、
ということか。
桃園天皇(十八歳)
仰せの通りに
ございます。
神道家　※竹内《たけのうち》式部(四十七歳)

※竹内式部(1712〜1768)：竹内敬持《たかもち》、江戸時代中期の神道家、尊王論者。式部は通称。

覇者とは陰謀で天下を乗っ取った者。天下の主《あるじ》たる資格のない者にございます。
ならば、徳川家は天下の主座から退き、朝廷に天下を返すべきと考えるが、誤りであるか。
誤りではございません。それこそ臣の申し上げたかったこと。
それまでじゃ!!
この不届き者をひっ捕らえよ!
関白　一条道香《みちか》
!!

お控えなされ！
お上《かみ》の御前でございますぞ！
侍従筆頭
徳大寺公城《きんむら》
控えるのはそこもとじゃ！
そもそもこの不埒者はそこもとの家臣ではないか！
ええい、この者どももひっ捕らえよ！
どた！
どた！
——!!
お上を奥までお連れせよ！早くいたせ！
待て、何をする!?

これって、いつ頃の話ですか?
年号を取って宝暦《ほうれき》事件と呼ぶんだが、
明治維新のちょうど百十年前、江戸時代は約二百六十年だから、まん中より少し後の頃だな。
驚いた。もう討幕とか、大政奉還っていう話になっちゃってる。
幕末に突然出てきた話じゃない。どんなことでもそうだけど、
長い積み重ねがあるのさ。
注目すべきは、朱子学が幕府への反抗を認める大義名分に化けてしまっていることだ。
家康は幕府・徳川家への忠誠のために朱子学を導入した。
それが神道と合体し、天皇を王者とする理論となって、完全に裏目に出てしまった。
だから歴史は面白いんだよね。
でも関白って朝廷側の人ですよね? なぜ天皇に逆らうの?
いい質問だね。

関白とは、平安時代に藤原氏が天皇家から権力を奪うために作った身分であり地位だ。
だから江戸時代を通して将軍家と関白家は仲がいい。天皇のコントロールという共通の目的があったからね。
ふ〜〜〜ん。
あの桃園天皇、相当不満そうだったなあ。この後、どうなったんですか？
桃園天皇は、この四年後、二十二歳で世を去る。
え――――っ、そんな若さで？
虚弱体質だったらしい。息子の皇太子は幼かったので桃園天皇の姉が「つなぎ」で即位した。
女帝としては百十九年ぶり。これが最後の女帝の後桜町天皇だ。
彼女は成長した皇太子に天皇の位を譲ったが、この後桃園天皇も二十二歳の若さで崩御してしまった。
それでどうしたんですか？

皇統断絶の危機だったが、幸いにも宮家の一つ閑院宮《かんいんのみや》に男子がいて、本家を相続する形で天皇になった。
光格《こうかく》天皇だよ。宮家は徳川御三家のようなものだと思えばいい。
ん――、
でも、何か変だなあ。
桃園天皇も後桃園天皇も若死に過ぎるってことかい?
そ!
明治時代にそんなこと言ったら、命が危なかったかも。
でも暗殺を疑える状況ではある。将軍も関白も、桃園天皇を警戒していたことは事実だ。
それに医者を抱きこめば何でもできる。
しかし残念ながら証拠はない。あくまで病死であって突然死ではないからね。
斬りかかるなんてシーンはないんだ。
そうだ、ちょっと江戸にも行ってみないか?
家康が朱子学を導入したことによる計算違い、それを現場で見ると面白いから。

ここは？
江戸近郊の農村だが秋の収穫期なのにどこか活気がないだろ。
お奉行様、お願《ねが》えでございます！
これ、吾作！ご無礼だぞ！
勘定奉行
※神《かん》尾《お》春《はる》央《ひで》
お奉行様に申し上げます！
吾作！
無礼者！控えよ！
勘定組頭
堀江荒四郎
まあ待て！吾作とやら何用か申してみよ。

※神尾春央（1687〜1753）：旗本。年貢強化、隠田摘発などで農民からは憎悪の対象となるが、幕府にとっては財政を潤沢にし、改革した功労者。

へえ、今年は不作で米がいつもの半分もできなかったんで！もうこれ以上は…
それは、そこの名主からも聞き及んでおる。
で、では どうか お許しを！
ならぬ！※定免法《じょうめんほう》と申してな。豊作不作にかかわらず、決まった米を収めるのが御定法。
あと一俵、足りぬ！
直ちに立ち返り算段いたせ！できねば受牢※を申しつける！
!!
とぼ とぼ…
お奉行、あの者、納められましょうか？
案ずるな。百姓は必ず隠し米を持っておる。
よいか、皆の者もよく聞け！
「※胡麻の油と百姓は絞れば絞るほど出るものなり」、これが年貢徴収の秘訣じゃ。
覚えておけ！

※定免法：作物の出来不出来にかかわらず、一定の年貢率で徴収すること。これに対し、出来高で税率を変える方式が検見法《けみほう》。

※受牢：牢屋に入れること。

※江戸時代の著作（『西域物語』本多利明著）に記録されている神尾春央の迷言。

江戸大改革編　エピソード9

ご感想は？
ひどーい！悪代官そのものじゃないですか！
プンスカ！
こんな人、ホントにいたんですか！
代官ではなく正確には勘定奉行。幕府の年貢徴収の最高責任者だから「日本一の悪代官」と呼んでもいいね。
では、ここで問題だ。
この日本一の悪代官を最高責任者に抜擢し、百姓を絞れるだけ絞った将軍は、いったい誰か？
ええっ？　誰かな？平和になってからの将軍ですよね。
ん――、あっさり降参。
八代将軍徳川吉宗だよ。
ウッソ――――。
あの「暴れん坊将軍」は名君中の名君って呼ばれた人じゃないですか。
フフフ、じゃ吉宗のお膝元、江戸の町に行ってみよう。
あっ、またその笑い！

1732(享保17)年
夏　江戸
……
ここが江戸？
そう、花のお江戸の中心、日本橋だ。
何か全然イメージが違う。
そうだろうね。賑わいがない。
理由は簡単。不景気のどん底だからね。
どうして？
ほら、将軍様が来たぞ。
はい？

八代将軍
徳川吉宗（四十八歳）
あれが吉宗さん？
チョー地味じゃありません？
お忍びで市中検分中だ。
町人、誰も出てきませんね。
そりゃそうだ、吉宗は庶民に人気がないし恐れられてもいる。
分かんないなあ、どうして？
ここを見てても理由は分からないから、次の場所に行こう。
次の場所？
そう、そこなら納得できるし、気に入ると思うよ。
納得？気に入る？
おっ

ガヤ
ガヤガヤガヤ
喜久屋
駿河屋
大河屋
駿河屋
同年　夏
尾張国　名古屋城下

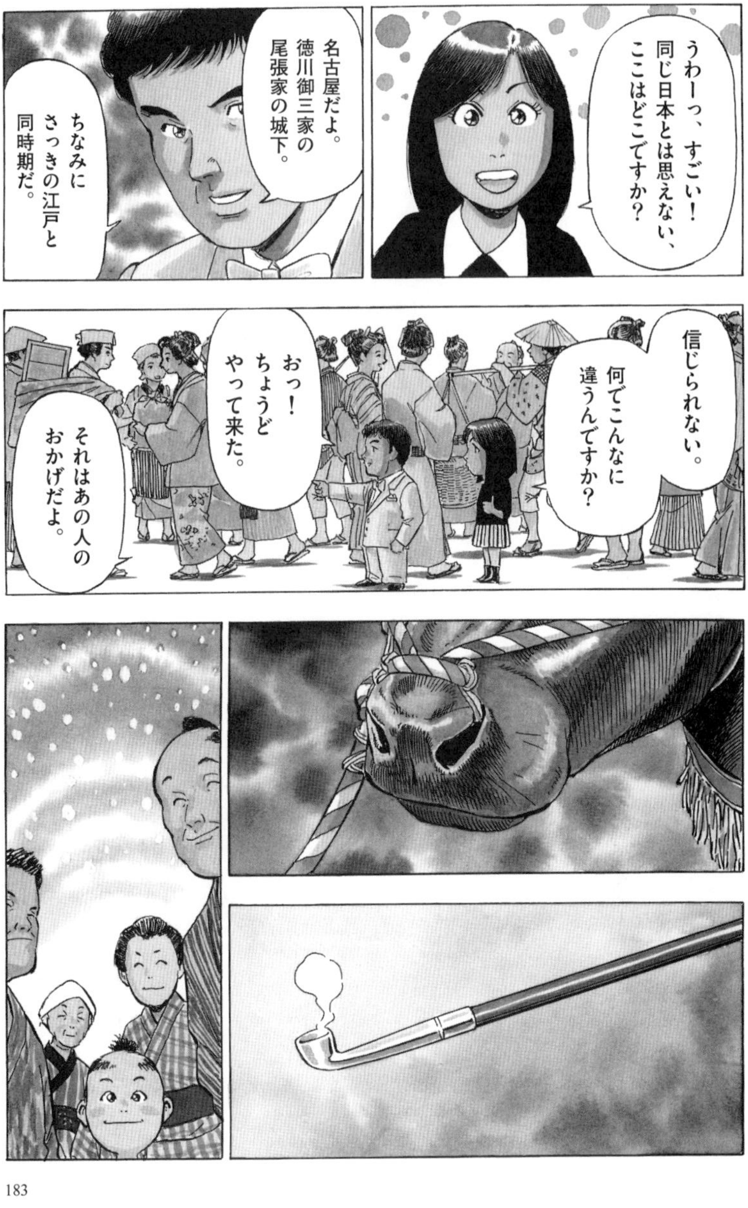
うわーっ、すごい！
同じ日本とは思えない、
ここはどこですか？
名古屋だよ。
徳川御三家の
尾張家の城下。
ちなみに
さっきの江戸と
同時期だ。
信じられない。
何でこんなに
違うんですか？
おっ！
ちょうど
やって来た。
それはあの人の
おかげだよ。

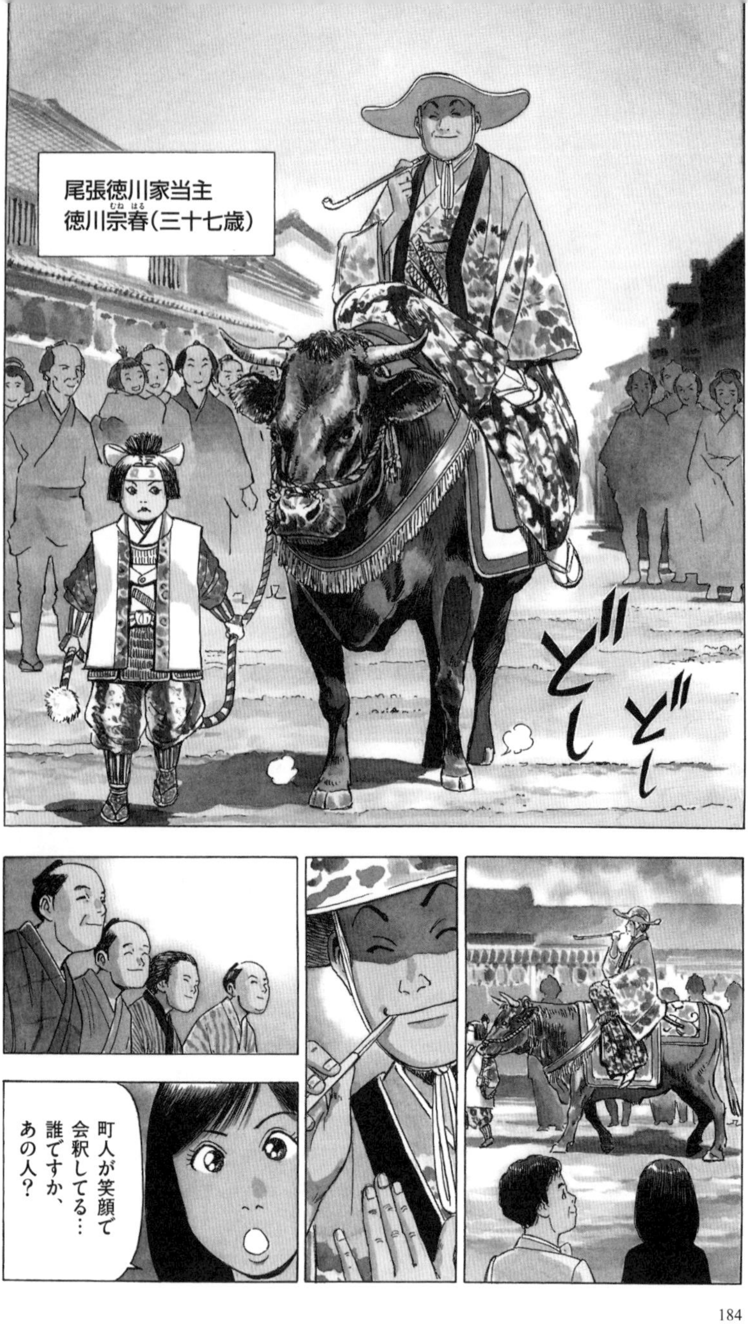
尾張徳川家当主
徳川宗《むね》春《はる》（三十七歳）
どし
どし
町人が笑顔で会釈してる…
誰ですか、あの人？

徳川御三家の一つ、尾張徳川家の当主徳川宗春。
通称は尾張宗春、ここの殿様だよ。
大人気ですね。
そりゃ、この空前の景気は彼のおかげだからね。
どういうことですか？
これも朱子学の影響。吉宗は朱子学を重んじたから、江戸は不景気になり、
逆に宗春は無視したから、名古屋は空前の好景気になった。
ちょっと歩こうか。
朱子学にも良い点がないわけじゃない。例えば贅沢を嫌い、質素倹約を重視するところだ。
吉宗はそれを忠実に実行して大奥も縮小し、国家予算の節約に努めた。
立派じゃないですか。
そこまではよかった。
ところが朱子学は商売を人間のクズのやる仕事と決めつけるくらいだから、
経済というものがまったく理解できない。

だから民衆にも質素倹約を強要した。
例えば贅沢なカンザシを禁じることで、それを作る職人や扱う問屋、小売が潰れる。
着物や食料、家も道具も質素にせよと、吉宗は贅沢なものをすべて禁止した。
結果、失業率は上がり消費は低迷し、景気はどん底になってしまった。
宗春は逆だ。
確かに移動手段として馬があれば、牛を使う必要はない。
でもセカンドカーを買うのと同じで、地元で買えばカネは民間に流れる。
見てごらん、これだけ提灯《ちょうちん》が飾られているのも、宗春が優れた提灯に褒美のカネを出すからなんだ。
つまり彼はあらゆる手を使って民間消費を盛んにしたのさ。
お、ちょうどよかった。
ここ、何か分かるよね。
芝居小屋？

ちょっと、覗いてみようか。
わお！
客席、満員ですね。
あれは三代目坂田藤十郎じゃないかな…
この芝居のタイトルは分かる？
「心中天網島」ですね。でも藤十郎って上方《かみがた》歌舞伎の人じゃなかったかな？
よく知ってるね。
この時代、江戸歌舞伎の市川團十郎も名古屋で芝居をしていた。
いや名古屋でしか芝居ができなかった。
え、どうして？
いったん研究所に戻ろう、そこで説明するよ。

なぜ名古屋でしか
芝居ができないか…
理由は幕府直轄地である
江戸や大坂では、
芝居そのものが
禁止されて
いたから。
そして今見てきた
芝居のタイトルに
あったのがこの言葉。
キュ
心中
この「心中」※…実は
吉宗が日本語から
追放しようとした。
あ！
分かった！
上下ひっくり返して、
くっつけると——、
「忠」！
キュ
この字は「孝」と並んで
朱子学では
最も大切な徳目で、
その共通点は…
心中
忠
キュイ
タテの人間関係だ。
君臣そして親子のね。
ところが心中は
ヨコの関係。親子でも
君臣でもない男女が
お互いに誠を尽くして
死ぬこと。つまり——、

※心中：吉宗はこれを「相対死《あいたいじに》」と呼ばせ、公式文書からは完全に追放した。

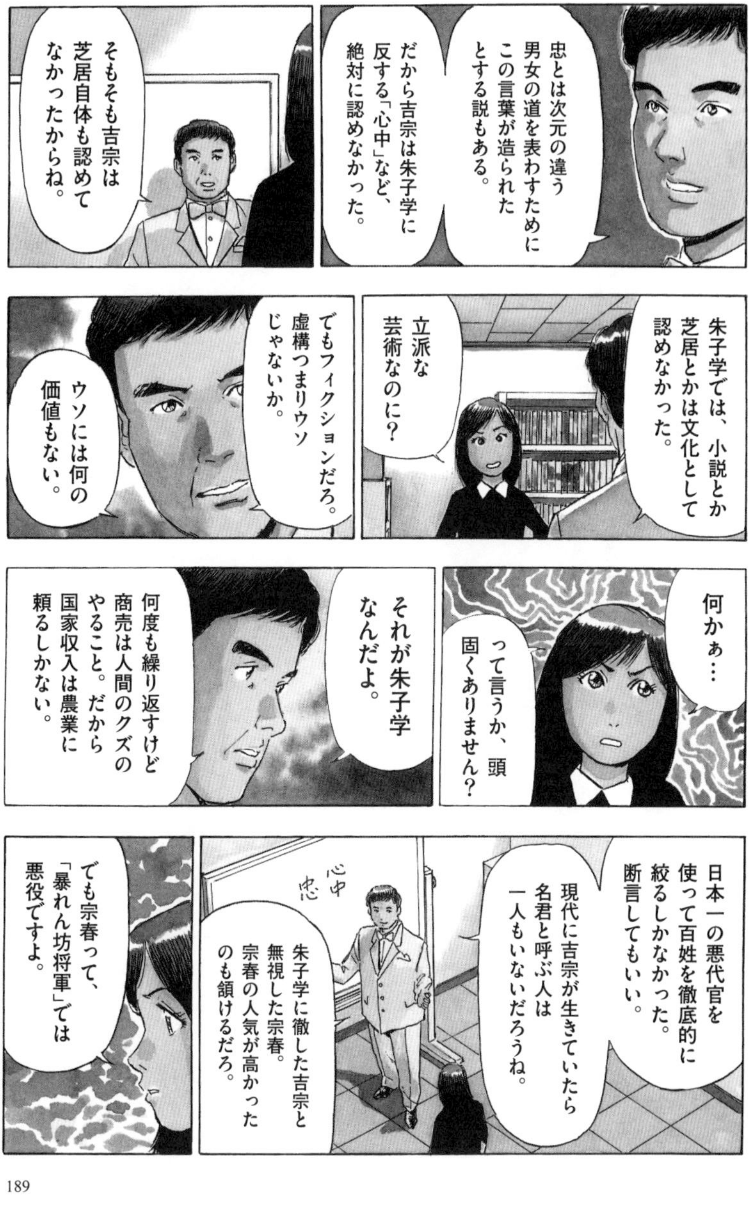
忠とは次元の違う男女の道を表わすためにこの言葉が造られたとする説もある。
だから吉宗は朱子学に反する「心中」など、絶対に認めなかった。
そもそも吉宗は芝居自体も認めてなかったからね。
朱子学では、小説とか芝居とかは文化として認めなかった。
立派な芸術なのに？
でもフィクションだろ。虚構つまりウソじゃないか。
ウソには何の価値もない。
何かぁ…
って言うか、頭固くありません？
それが朱子学なんだよ。
何度も繰り返すけど商売は人間のクズのやること。だから国家収入は農業に頼るしかない。
日本一の悪代官を使って百姓を徹底的に絞るしかなかった。断言してもいい。
現代に吉宗が生きていたら名君と呼ぶ人は一人もいないだろうね。
心中
忠
朱子学に徹した吉宗と無視した宗春。宗春の人気が高かったのも頷けるだろ。
でも宗春って、「暴れん坊将軍」では悪役ですよ。

歴史学者がそう教えてるからね。でも庶民が求めていたのは吉宗じゃなく宗春だった。
じゃ、なぜ宗春は勝者にならなかったんですか。将軍じゃないから?
それもあるが、問題は税制だね。
宗春のような経済政策を貫くなら、信長や秀吉のように商売を盛んにして、
そこから税収を得なければいけない。
だがそこまで改革する時間はなかった。農業だけに税収を頼り、悪代官も使わず景気浮揚をやれば、
カネをばらまいても商業からの見返りがないから、財政破綻する。結局、宗春は吉宗に敗れた。
それでも次の世代には、根本的な税制改革をして宗春的政策を実行し、好景気に導こうとした大政治家が登場した。
まあ今でも歴史学者の先生方は彼を大悪人呼ばわりだけどね。
あ!
ひょっとして、日本最大のワイロの帝王と呼ばれた…
そう、老中田沼意次だ。

エピソード10
老中田沼意次の財政再建を
「改革」と書かない歴史教科書

殿、またご進物が届きました。
筆頭老中
田沼意次
うむ、今度は誰からじゃ。
備前守様でございます。

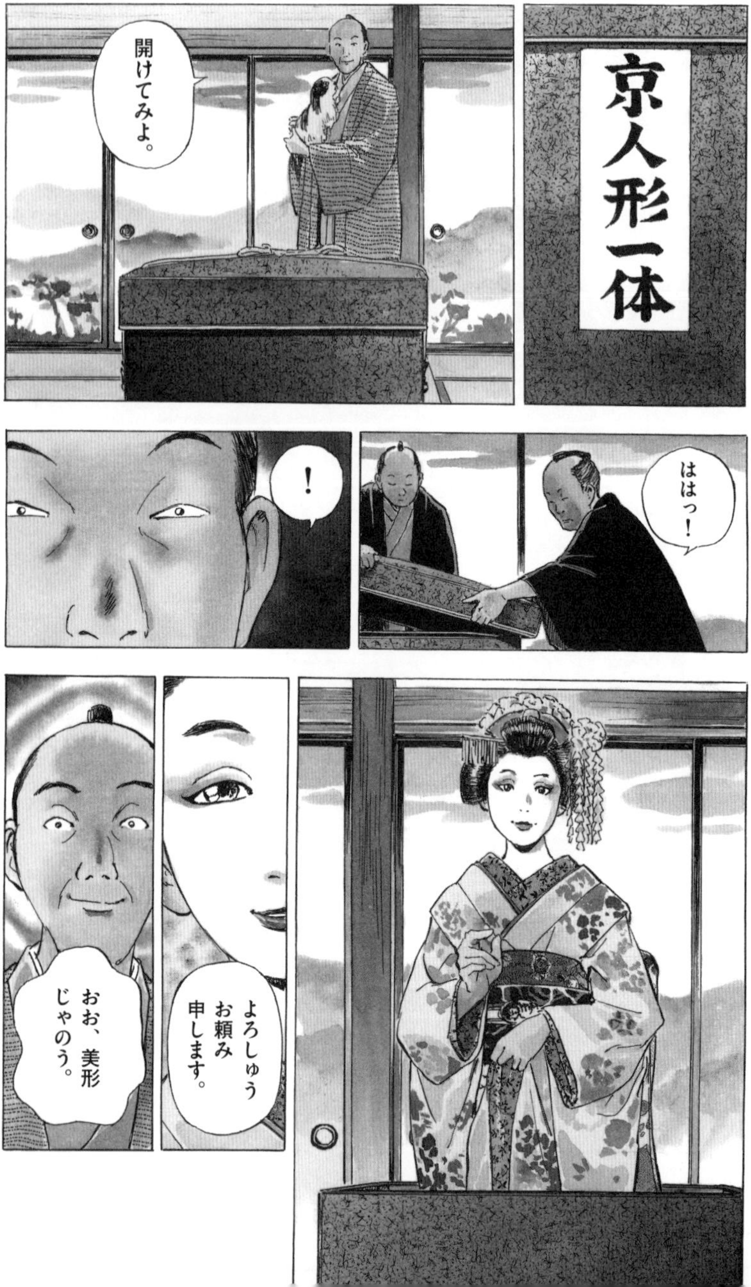
京人形一体
開けてみよ。
ははっ！
！
よろしゅう
お頼み
申します。
おお、美形
じゃのう。

名は何
と申す？
花よし、
と申します。
よい名じゃ、
こちらへ参れ。
欲しければ
何でも
つかわすぞ。
これすべて、
お殿様への
ご進物どすか？
そうじゃ。
わしの権勢に
あやかろうと
する者からのな。
じゃが、一番の
宝はそなたじゃ。
備前守殿も
洒落たことを
なさる。
おのれ田沼！
いつまでも
悪の世が続くと
思うなよ！

何だ、ドラマ観てたのか。
あ、はい。
賄賂の帝王・田沼意次か、昔はこんなドラマばかりだったな。
これってウソなんですか？
田沼を悪者にする大ウソだよ！
え？
大ウソって…実際はどんな人だったんですか。
じゃ、それを見に行ってみる？
はい！
ここは…芝居小屋？
そう、江戸の芝居小屋だ。ちょうど「神《しん》霊《れい》矢《や》口渡《ぐちのわたし》」を上演中。田沼意次が観劇してる。
おっ！

お殿様。
愉しんで頂けましたか？
戯作者
福内鬼外（平賀源内）
面白かった。…そちは多才じゃのう。
芝居は書く、書画もたしなみ、茶碗も焼き、日本国内あらゆる物産に通じ、本《ほん》草《ぞう》学、蘭学にも詳しくエレキテルも操る。
まさに日《ひ》の本《もと》の宝じゃ。
かように褒めてくださるのはお殿様だけでございます。
頭の固い連中が多いからのう。
そうじゃ、ついて参れ。

江戸　蔵前河岸
この船、どう見る？オランダ船と比べてじゃが…
見かけ倒しでございますな。
帆柱一本、帆が一枚では荒波を乗りきることはかないませぬ。
日の本の船も昔は違った。
古い絵の船は、帆柱も多く帆も何枚かある。
異国渡航が禁止されて以後、かような船しか造れぬようになった。
そこでな、今オランダ人に頼んで荒波を渡れる船を造る算段をしておる。

もしや異国との貿易を解禁されるおつもりで？
声が大きい。まだ秘中の秘じゃ。
それはよろしゅうござる。
異国と大々的に貿易を始めれば国は富み、百姓から絞らずとも立ち行きます。
賢明なご判断かと。
そのように褒めてくれるのはそちだけじゃ。
幕閣の中には御公儀が貿易すなわち商売に手を染めるなど絶対に認めぬ者もおる。
それはもしや※白《しら》河《かわ》辺りのお方でございますか。
そちの耳にも届いておるのか。
殿中でわしを殺すなどと息巻いておったそうな。
さすがに周りの者に止められたようだが…
何ゆえ、かように憎まれるかのう。

※白河辺りの方：奥州白河（福島県白河市周辺）藩主松平定信（後の老中）のこと。

白河様は朱子学こそ唯一の人の道と信じておられるようで。
農工は物を作って国の役に立つが、商はこすからく稼ぐだけ。故に国も人も商いに手を染めてはならぬ、と。
それは、※唐土の考え方でそもそも我らのものではない。
仰せの通り。
唐土の人々はどこか頑なですな。
楽しみでござる。貿易が盛んになれば国も豊かになり町も賑わいましょう。
へーーーっ！
あんな感じだったんだ〜…
じゃ黒船なんか来なくても日本はもっと早く開国してたってこと？
少なくとも老中田沼意次と彼を信頼する十代将軍徳川家治はそのつもりだったんだが…
邪魔が入ってね。
どんな？

※唐土：中国のこと。

それも見に行くか、あまり気分のいい場面じゃないけど。
ムフフ
え――――っ、またその含みのある言い方?
江戸郊外
ドドドド
あれは、誰?
ドドド
十代将軍家治の嫡男家基《いえもと》だよ。十一代将軍になるはずだった…
はずって…?

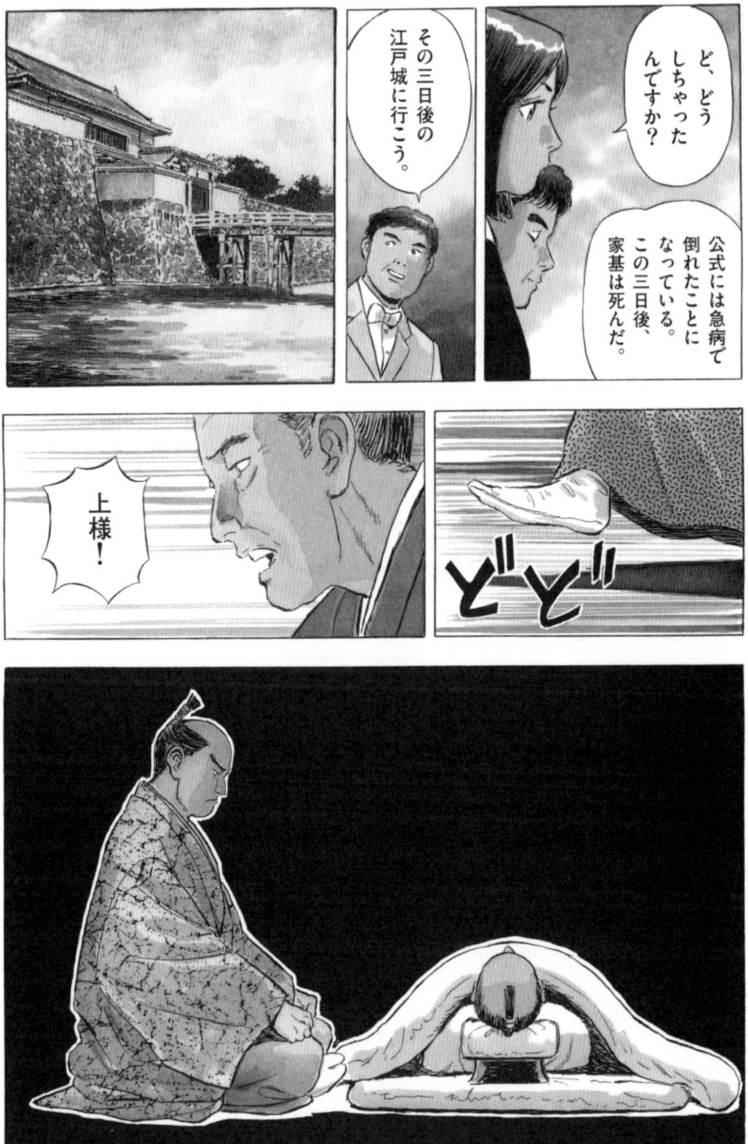
ど、どうしちゃったんですか？
公式には急病で倒れたことになっている。この三日後、家基は死んだ。
その三日後の江戸城に行こう。
どど
上様！

死なれてしもうた…
わしより先に逝《い》ってしもうた。
十代将軍
徳川家治
上様！お気を確かに！
わしはこの子に…
すべてを任せ開国の大業を果たさせようと思っておった。
だが、今は何もかも空しい。もはや生きる気力も湧いてこぬわ。
何を仰せられます。上様はこの国の棟梁！この国の行く末は上様の御心次第！
しっかりして頂かねば！
そうだの…そうせねばならぬの。

私も命をかけて上様をお支え申し上げます。
……
そちにも倅《せがれ》がおったの、いくつにあいなった。
三十一になり申した。
そうか…
働き盛りじゃな。
これからも父子共にわしを支えてくれ。
はっ!
何か、ぐっと来ちゃいますね。
さあ次の場面に行くよ。
え?
次ってどこへ?
五年後の江戸城内だよ。

若年寄
田沼意知《おきとも》
どっ
ドス!
な、何をする!
覚えがあろう!
旗本
佐野政言《さのまさこと》

刺されたのが意次の息子で、若年寄の意知。
医者の手当てを受けたが、数日後に死んだ。
あの犯人は何者?
旗本の佐野政言。先祖の系図を意知が借り出し返却しないことを恨んで、とされているけどね。
あーっ、その言い方!
そ! 信じてないよ。
将軍家治と老中の意次がやろうとしていた開国政策を受け継ぐのは、息子の家基と意知だったはず。
でも、その二人が親より先に死んでしまった。
開国を絶対に許せない連中にとっては万々歳だろうね。
じゃあ、家基の死も暗殺ってことですね。
遠乗りに行くほどピンピンしていた十八歳の若者が突然倒れて三日で死ぬなんておかしいだろ。
もっとも……

田沼意次の差し金だと主張する人もいる。
え？どうして？
若い家基は田沼政治を批判してたから、意次は、このままではやりにくいと先手を打って殺したってね。
彼の政治が賄賂政治だという前提だからだけどね。
ちょっと研究所に戻ろう。
はい。
ユウキ君は、江戸時代の三大改革って知ってる？
え〜と〜？
昔は高校の教科書にそうあった。
キュ
キュ
八代将軍吉宗の「享保《きょうほう》の改革」に、吉宗の孫で老中松平定信の「寛政の改革」。
その次が老中水野忠邦の「天保《てんぽう》の改革」。
キュ
で、この享保と寛政の間に老中田沼意次の政治が入るんだが…
キュ

これは改革とは呼ばれてないいんだ。不思議議だろう？
天保の改革
寛政の改革
享保の改革
田沼政治
三つの改革って朱子学が重視する農業改革ですよね…田沼政治はその真逆の商業改革だったからですか？
よく分かってるね～。
朱子学信者は、農業に頼ってるから、税収を百姓を絞り上げるだけ。しかも贅沢禁止で江戸を不況の底に叩き込み、
町人文化、特に芝居を徹底弾圧した。
ではなぜ現代でも、田沼政治を改革とは呼ばないのか？
…あ。
もしかして…今も江戸時代の価値観だから？
そう、教科書を作る日本の歴史学界はまだその価値観に縛られている。
え～っ、じゃあ何百年も進歩してないってこと？

ただ、朱子学にも美点はある。
為政者は質素倹約に努め、民という弱い立場の人々を導かねばならないと考える。
上から目線だなあ。
それは朱子学の弱点だね。人間には必ず格差があるという考え方。
でも吉宗はこの考え方を元に、江戸に無料診療の小石川養生所を造ったし、
松平定信は石川島に人足寄場を造った。犯罪者の再犯防止を目的とした職業訓練所みたいな場所だ。
刑罰は懲役ではなく教育にすべきという考えは、高く評価できる善政の部分でもある。
しかし財政的には滅茶苦茶で論外。実際、吉宗直後には百姓一揆が連続して起こった。
それにしても、息子は殺されたけど父の田沼意次は生き残ったんでしょ。
田沼改革は実現できなかったの？
いい質問だね。もう一度江戸城に行ってみようか。

いずこへ参られる。
御三卿《ごさんきょう》筆頭
一橋《ひとつばし》治済《はるさだ》
これは一橋様、上様にお目通りを。
そこをお通しくだされ。
ならぬ!
上様は、貴殿の顔も見たくないと仰せられておる。
間もなく老中職解任の御沙汰があろう。屋敷へ戻って謹慎なされよ。
まさか上様が左様なことを仰せられるはずがない。
いや。
上様は確かにそのように仰せられておる。

田沼殿、見苦しゅうござる。進退は潔くされよ。
白河藩主 松平定信
……
あれれ、田沼意次はいつの間に将軍家治の信頼をなくしちゃったの?
実は、家治はもう死んじゃってるんだよね。
え———っ!
彼らは家治の死を隠したんだ。
治済と定信コンビは、何でそんな意地悪をするんですか!?

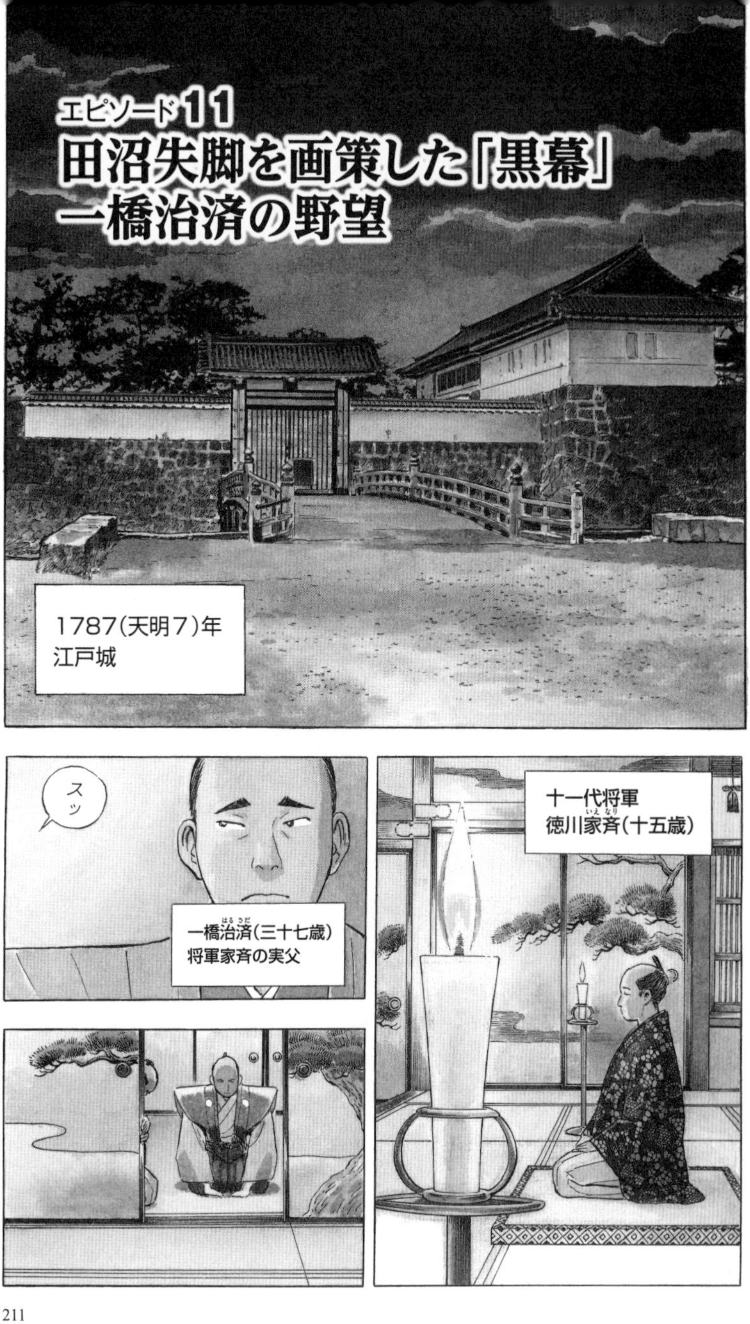
エピソード11
田沼失脚を画策した「黒幕」
一橋治済の野望
1787（天明７）年
江戸城
十一代将軍
徳川家斉《いえなり》（十五歳）
スッ
一橋治済《はるさだ》（三十七歳）
将軍家斉の実父

おお、越中殿※、よう参られた。
上様の麗しきご尊顔を拝し、恐悦至極《きょうえつしごく》に存じ奉ります。
白河藩主
松平定信(三十歳)
大儀である。
越中殿、上様に代わって、この治済がお伝えいたす。上様は越中殿に老中首座を任せたいと思し召されておる。
謹んでお受けいたすよう。
身に余る光栄。定信、謹んでお受けいたします。
よろしく頼む。
それだけじゃ、下がってよいぞ。
それではご無礼いたします。

※越中殿：松平定信の官名越中守での呼び名。

見たか、
あの仏頂面。
見物《みもの》であったのう、
豊千代。いや、
これはご無礼、上様。
なぜ越中の
機嫌が悪いか、
お分かりか？
はて、
分かりかねますが。
本来は自分が将軍になる
はずじゃった、内心
そう思っておったからよ。
元々、生まれは三卿《さんきょう》の田安家で
そなたよりも年上じゃ。
白河松平に養子に出され
なければ、今頃、将軍は
あの男だったかもしれぬ。
何でも田沼が
画策して白河へ
追い出したとか。
わはははっ！
そうか、
そなたの耳にも
そう伝わって
おるか。
それは違う。
画策したのは
このわしじゃ。
それを田沼の仕業と
思わせたのも、な。

父上、何ゆえ
そのような
ことを。
知れたこと、
そなたを将軍に
するためじゃ。
わしは、ずっと
考えておった。うまく
いったであろう。
この父に感謝する
ことじゃ。
さて、城中は
窮屈でかなわぬ。
わしは引き
上げるぞ。
父上！
何じゃ？
家基様は
本当にご病死
なのですね。
……
ご病死じゃ。
医師がそう申して
おるのだから間違い
ないではないか。
……
そうそう、医師は
手なずけておくこと
じゃ、役に立つぞ。

医師は手なずけて
おけ、か。
これも
歴史のキーワード
かもしれないな。
田沼意次の失脚の
シーン覚えてるだろ。
将軍家治は既に
死んでいるのに、
生きてるように
見せかけてニセの
命令を出した
んでしたね。
そんなことは医師を
手なずけておかねば
不可能だろう。
十一代を継ぐはずだった
家基も、お茶を飲んだ後、
急に苦しみだした。しかし
すぐに死んだわけじゃない。
城中に運ばれた後、
死んだ。手当の
甲斐もなく、だ。
田沼意次の息子意知も
城中で刺され、やはり
数日間苦しんで死んだ。
それじゃあ、
その頃から…
反対派による「医師団の掌握」が
行なわれていたんだろうね。
家基暗殺の黒幕が田沼だ
とする説もあり得ないことが
分かるだろ。
田沼が黒幕なら
医師団を掌握してる
はずだし、あんな
間抜けな負け方は
しないってこと?

その通り。一橋治済がすべての陰謀の黒幕だ、と僕は考えている。残念ながら証拠は一つもないけどね。
一橋治済って知らないなあ。
そう、学術論文にも時代小説にも主役では出てこない、つまり学者も作家も気づいてないってこと。
でも、この名がクローズアップされる日がいつか必ず来る。
そんな日が来たら、最初に指摘したのは僕だと証言してね。もう生きていないかもだけど。
またまた～。不老不死の仙人になってますよ～。
ん？それは？
ここを見て。百科事典の治済の項。
徳川御三卿の一つ、一橋家の二代。八代将軍吉宗の孫で、十一代将軍家斉の実父。

将軍の実父として
威勢を強め、
権勢を振るっていた
老中田沼意次に代えて
松平定信を擁立。
その生活は驕奢《きょうしゃ》を極め、
家斉は治済を大御所として
江戸城に迎え入れようとした。
吉宗の孫って
松平定信もそう
じゃなかった
ですか？
そう、八代将軍吉宗は
自分の次男と四男に
それぞれ田安家と
一橋家を立てさせた。
後に九代将軍家重が次男に
清水家を立てさせたので、
まとめて三卿（御三卿）と呼ぶ。
大名じゃないし、領地もない。
しかし屋敷が江戸城内の田安門、
一橋門、清水門の近くにあり、
本姓は徳川で十万石の格式を
持っていた。
将軍家に後継ぎが
絶えた時は
ここから本家を継ぐ
というわけだ。
でも御三家が
あるじゃ
ないですか。
そう。
でも吉宗は
ライバルの
尾張徳川家には
将軍職を渡し
たくなかった。
だから自分の血筋で
御三卿を作らせたんだろうね。
系図を
書けば
こうなる。
キュ
キュキュ
キュ
キュ
キュ
キュ

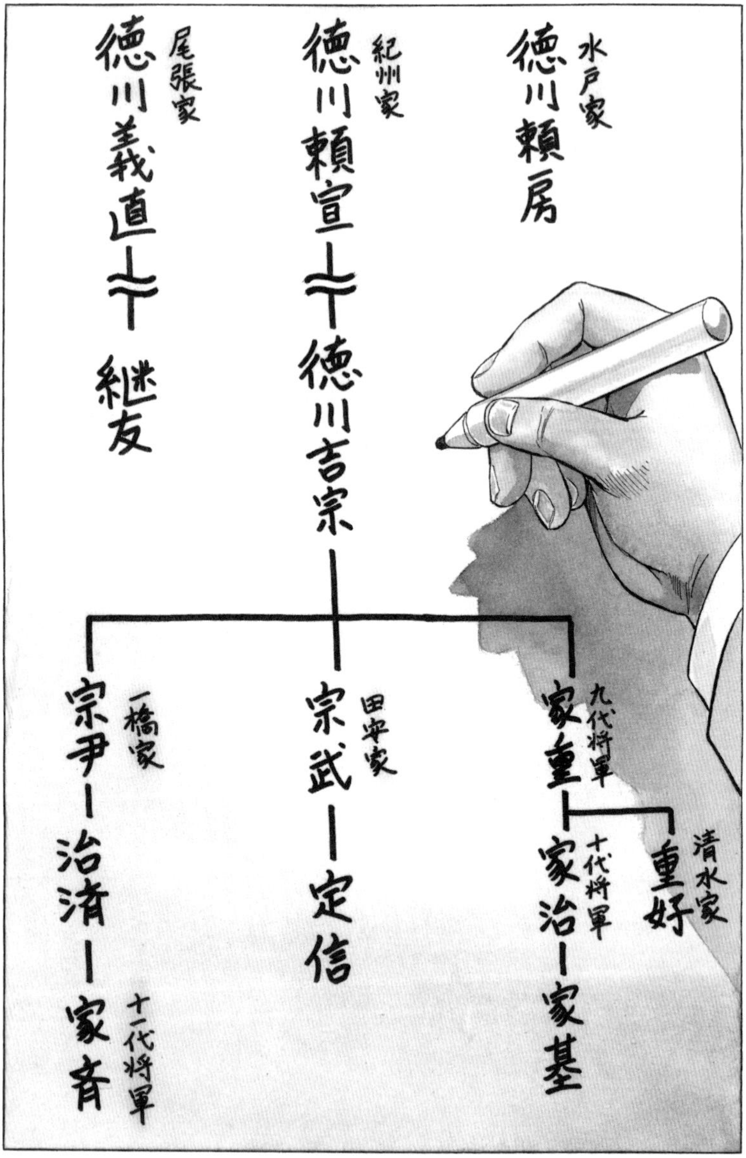
水戸家
徳川頼房
紀州家
徳川頼宣
徳川吉宗
尾張家
徳川義直
継友
九代将軍
家重
十代将軍
家治
家基
清水家
重好
田安家
宗武
定信
一橋家
宗尹
治済
十一代将軍
家斉

何かイヤな感じですね。
粘着質的なものを感じる。
吉宗は、隠居謹慎させた尾張宗春の死後も罪を許さず、その墓を金網で覆わせた。
罪といっても、宗春は朱子学に逆らって商売の効用を見直そうとしただけなんだけどね。
吉宗の孫でイトコ同士の一橋治済と松平定信が手を組んで、田沼意次を追い落としたってことですよね。
もちろん、治済が黒幕ということまでは学界も認めている。でも僕が言いたいのはもっと深い意味だ。
自分の息子を将軍にする野望を持っていたってこと。そのためには将軍徳川家治・家基親子を何とかしなければならない。
しかも問題は、家治が新しい考えを持っていたことだ。

日本を開国して貿易立国にする。
そう、そのために選んだ有能なスタッフが老中田沼意次、若年寄田沼意知の親子で、十一代将軍を継ぐ息子家基にも、その路線を教育していたと思う。
ところが、朱子学信者の松平定信には、それがとんでもない悪業に見えた。
このままでは、日本は貿易という犯罪行為で金を稼ぐ「悪の国」に成り下がってしまう。
だから、どんな手段を使ってでも田沼路線を潰さねばと思っていたんだろう。
そこを一橋治済に利用され、操られてしまったんですね。
定信を名君として崇める人もいるけど、僕はまったく評価しないね。
祖父吉宗と同じ粘着質のイヤな奴なんだよ。
そこまで言いますか。
じゃあ証拠を見せよう。

江戸大改革編　エピソード11

※遠江国　相良城
急げ、一刻も早く、この城を取り壊すのだ！
分かんね～、何でこの城壊さないかんの。
まだ新しいぞ。
しっ、滅多なこと言うでねえ！
不平不満も無理はない。
築城後、二十年しか経ってないしね。

※遠江国相良：現在の静岡県牧之原市相良。

何で壊すんですか?
田沼家の城だからだよ。
意次が死ぬとすぐ田沼家はこの城を没収され、東北へ領地替えさせられた。
だからといって城を壊す必要はない。
なぜなら、没収した時点でこの城は幕府の財産なんだから活用すればいい。
取り壊すにも費用がかかるしね。
じゃ、壊す意味は?
田沼意次が築いた城をこの世に残すことが気に入らなかったんだよ。
もちろん、この城の破却命令を出したのは老中首座松平定信だけどね。
ホント、いい性格してますね。
意次と同じように成り上がった、将軍側近の柳沢吉保や間部《まなべ》詮房《あきふさ》は辞任で済んでいるのに。
田沼家は城取り壊しや転封など、ひどい処罰を受けている。だが、それだけじゃない。
そうだ、江戸に行こう。

江戸　日本橋
百匁《もんめ》ほどおます。
両替
これ、いつものように二朱銀に両替してもらえまっか。
それが…
申し訳ございません。できかねます。
は？何でや。
それが、お上が二朱銀の鋳造をお止めになって、手持ちがございません。
何でそんなことするんや、二朱銀がないと、えらい不便やないか？
お上のすることですから、私どもには何ともしようがありません。
状況がよく分からないんですけど。

まず江戸時代の貨幣制度だけど、大口売買の場合、江戸では金(小判)を、京や大坂では銀(丁銀や豆板銀)を使っていた。
だが、面倒なことに金の場合は、枚数で使う計数貨幣。銀の場合は、重さを計って使う秤量《しょうりょう》貨幣。
国内通貨が二つあるようなものだ。だから両替屋が必要だった。
しかも江戸時代の中期以降までね。
なぜ?
理由は、実は解明されていない。
僕は、国際貿易の決済には銀を使うから、西日本で貿易が盛んだった安土桃山時代の名残じゃないかと思ってる。
とにかく京や大坂と江戸で制度が違うのは不便でしょうがない。
だから南鐐《なんりょう》二朱銀という東西共通で使える銀貨を幕府は造った。
誰が造らせたかは分かるだろう?
田沼意次ですね!
ところが、定信が政権の座に就くや、必要ないと鋳造を停止してしまった。

は?
その銀貨は日本の経済にとって必要なものじゃないんですか。
何で鋳造停止にしたんですか?
田沼が造ったから。
え———っ!
国にとって必要なものなんだから、
誰が造ったかは関係ない話でしょ!
ユウキ君、君の爪の垢を煎じて、松平定信に飲ませたいもんだね。
そう、君と同じ意見の人間がいた。
今度はそこへ行こう。
江戸　旗本屋敷

殿、
我ら三名、
蝦夷地《えぞち》より
ただ今
戻りました。
幕臣
山口鉄五郎
うむ、酷寒の地で
さぞかし難儀をしたで
あろう。誠にご苦労
であった。
元勘定奉行
松本秀持
殿、
これが…
蝦夷地探査の
すべてを記した
報告書で
ございます。
お納めください。

山口、無念じゃが、それは受け取れぬ。
何ゆえでございます。これを受け取って頂かねば、我らの仕事は終わったと申せませぬ。
田沼様が失脚なされたことは聞いておろう。将軍家が代替わりされ、松平越中殿が老中首座になられ何もかも変わった。
わしは身に覚えのない罪を問われ無役となった。
その方らの仕事もなかったことにせよという御沙汰があった。それ故、受け取れぬ。
幕臣　佐藤玄六郎
合点が行きません。御老中が代わられたとはいえ、この報告書は公費をもって作成いたしたもの。
御公儀の財《たから》にございますぞ！
探検家　最上《もがみ》徳内
それをなかったことにせよとは、いかに御老中の命とはいえ、承服いたしかねます。
越中殿は田沼家を奥州に追い落とした後、田沼様が築かれた相良城の破却まで命じたという。

要するに田沼様の事跡はすべてこの世から消したいのであろう。
恐れながら申し上げます。
そなたは確か、最上と申したか。苦労であったの。
恐れ入ります。殿、蝦夷地は今まさに露国がその領有を狙っております。
このまま捨ておけば大変な事態になります。
また松前藩内における※苛斂誅求《かれんちゅうきゅう》もひどく、これも放置できません。
一刻も早く蝦夷地を松前藩から召し上げて幕府直轄となし、アイヌとの交易で露国を牽制《けんせい》すべきと存じます。
そなたの申すは正論じゃ。
だからこそ田沼様はその方らを蝦夷地に派遣し、調査させた。
だが越中殿は朱子学の権化でな。商売貿易のたぐいは悪の所業と信じて疑わぬ。
それ故、幕府が交易のために調査を命じた事実自体をこの世から消したいのだ。

※苛斂誅求：情け容赦なく、年貢や税金などを取り立てること。

そのようなことでは
外国に対する備えが
疎かになってしまい
ますぞ！
今回の一件には
我が日本国の将来が
かかっております！
ブッ
無理が通れば
道理が引っ込む。
これが今の政《まつりごと》じゃ。
かような理不尽が
許されてよいので
ございますか！

サイテーっ！松平定信ってひどい奴ですね！
でもユウキ君、君が知っている通り、これまでの評価では…
田沼意次は史上最低の悪徳政治家で、松平定信は清く正しい名君なんだよ。
田沼意次って、カワイソー!!

逆説コラム3 「忠」を尽くすべき真の主君は王者か覇者か

儒教そして朱子学は、「孝」を絶対的な道徳の基準とする、ということを〈逆説コラム②〉で説明した。平たく言えば「親孝行が最も大切」だということだ。日本人は、結構なことじゃないかと思うかもしれない。しかし、実は大変なことなのだ。

エピソード3で述べたように、孟子は弟子の「国王の父親がその国の法律で死刑になる罪を犯した時、息子である国王はどのように対処すべきか？」という質問に、「国王の地位を捨て父親を連れて国外逃亡せよ」と答えた。

この儒教をさらに厳格にしたのが朱子学で、中国大陸と朝鮮半島はそれを「国教」とした。だからそれから数百年以上経った現在でも、韓国ではファミリー汚職が絶えず、歴代大統領は次々に罪に問われている。共産主義となったはずの中国でも2012年、温家宝《おんかほう》首相が不正に蓄財した巨額の財産を母親に持たせている、と米紙『ニューヨーク・タイムズ』が報じた。「親孝行している」ということだ。朱子学が生きている限り、近代法治国家は成立しない（詳しくは『逆説の世界史① 古代エジプトと中華帝国の興廃』〈小学館刊〉を参照していただきたい）。

「孝」とは、血縁関係のある身内だけに適用される道徳だ。ということは、血縁関係のない人間同士の道徳は、別に構築する必要がある。そこで「孝」に準ずる重要な道徳として「忠」が生まれた。主君という「親」に対して臣下という「子」は、本当の親子関係ではないのだから、「孝（孝行）」ではなく、「忠（忠義）」を尽くさねばならないということだ。

ところが問題は、本編で述べたように、朱子学では主君を「徳で世を治める王者」と「武力陰謀で天下を奪った覇者」に分け、王者こそ「忠」を尽くすべき真の主君である、と考えていたことだ。

そして、ここまでは中国の考え方なのだが、その王者こそ「神の子孫である天皇」だと考えたことが、神道に深く影響された日本独自の考え方、「日本的朱子学」と呼ぶべきものなのである。

これが日本を変えていく。幕末にはこの考え方が討幕の原動力となった。

4 「十一代将軍」候補の不可解な死と「謀略の天才」一橋治済

　私は、本来なら十一代将軍になるはずだった徳川家基（十代将軍家治の嫡男）が不可解な死をとげたのは、家基に代わって後に十一代将軍になる徳川家斉《いえなり》の実父一橋治済《はるさだ》（一橋は通称で、本姓は徳川）が、何らかの手段を講じて暗殺したのだ、と考えている。
　落馬が原因とする説もあるが、家基は江戸城にかつぎ込まれた時点では生きていた。その後、治済の息のかかった「医師団」がとどめを刺したと考えれば何の矛盾もない。
　治済が「医師団」を掌握していたことについては証拠もある。十代将軍家治が死去しているのにもかかわらず、一番の側近だった老中田沼意次《おきつぐ》を寄せつけず、家治の意図を装って意次を解任したことである。この手段でなければ、意次の解任は到底不可能だっただろう。それを考えついたのは、当時の状況から見て明らかに治済である。まさにオリジナルの「妙手」であって、こんなことを考えつくのだから謀略の天才と言わざるを得ない。
　この「手」は、ずっと後になって大老井伊直弼《なおすけ》も反対派の追い落としに使ったと私は考えているが、つまりは直弼も模倣するほど優れたアイデアだったのだ。
　治済の息子家斉は何十人も子供を作った「オットセイ将軍」として有名だが、その何十人もの子供たちは徳川家の一門や各大名に、正夫人や藩主の養子の形で送られた。要するに、多くの家系を治済・家斉親子は乗っ取ったのである。例えば、豊臣秀吉の側近だった大名の蜂須賀《はちすか》家も、家斉の二十二男斉裕《なりひろ》を養子に迎えた。これ以降の蜂須賀家は実質的に「一橋家」なのである。
　ちなみに松平定信は田沼意次の追い落としのために治済に使い捨てられた「手駒」だったと私は見ているが、外様大名乗っ取りについては、彼もちゃっかりと治済のマネをしている。
　多くのファンの夢を壊すようで申し訳ないのだが、関ヶ原の戦い後も生き残った、信州真田家の八代藩主幸貫《ゆきつら》は、養子で定信の次男である。つまり、これ以降の真田家は「松平家」というわけだ。
　いずれにせよ、一橋治済はもっと研究されていい人物なのである。

エピソード12
「蝦夷地開拓」と「対露外交」の好機を潰した松平定信の大罪

1789(寛政元)年7月
蝦夷《えぞ》(北海道)
根室半島　ノッカマップ
ウォ〜イ　ウォ〜イ
?
何ですか、この叫び声。
ペウタンケだよ。アイヌ民族が危機に陥った時、同胞を呼ぶ叫び声だ。
これを聞いた者は、同様に繰り返して助けを呼ぶ。残念ながらここでは助けは来ないけどね。

ウォ～イ
ウォ～イ
助けですか？
あの小屋は牢獄。中にアイヌが三十七人いる。
何をやったの？
一揆※だよ。和人つまり日本人を七十一人殺害した。
ここ蝦夷を管理する松前藩が、これから彼らを死刑にするところだよ。
え～!?
もっとも、アイヌが反乱を起こしたのは無理もない。飛騨屋久兵衛という松前藩の代理人が、彼らを奴隷のように働かせ、
給料のコメはピンハネする、殴る蹴るの暴行は働く、あまつさえ彼らの妻女にも性的暴行を加えていたからね。

※一揆：クナシリ・メナシの戦い（1789）、当時は寛政蝦夷の乱と呼ばれた。

ひどい！
それなのに、死刑なんですか？
日本人の百姓でも同じことをしたら死刑だろうけど、やはり差別はあったね。
アイヌ民族を人間扱いしない飛驒屋の姿勢がこの事態を招いたんだ。
あっ！
待ってください。
幕府の蝦夷地調査団が問題にしていたのはこのこと？
その通り。
江戸ではこの頃、老中松平定信の「寛政の改革」が始まろうとしている。
もし調査団の報告書が抹殺されてなければ、最悪の事態は避けられたかもしれない。
いや、きっと避けられただろう。
田沼意次は、蝦夷地を開拓しようとしてたし、それにはアイヌ民族の協力が不可欠だからね。

さっ、戻ろう。
それとも処刑を
見届ける？
！
い、いいです！
だけど…
何でこれまでの
日本の歴史は、
あんな松平定信を
名君って教えて
きたんですか⁉
彼は大名としては
優秀だった。
他の藩が飢饉で
苦しんでいた時、
いち早く米を手配して
百姓を餓死から
救ったからね。
だから地元の白河では
定信を神様のように
崇めている人もいる。
だけど、それは所詮
「県知事」としての手柄。
他藩は無視して
自分の藩を助けただけ。

老中つまり「首相」に
なってから始めた
「寛政の改革」では、
祖父の徳川吉宗と同様、
農業重視で
コメ増産一辺倒。
商業経済は無視して
弾圧した。
さらに「寛政異学の禁」
といって、同じ儒学でも
朱子学以外は禁止した。
つまり定信を
理解するキーワードは
「朱子学の狂信者」
ということだ。
これを
見てごらん。
東北から北海道、
サハリン、
シベリアまでの
地図だ。
？
本州の北端に
外ヶ浜という
地名がある。
平安時代以降、
日本の領土は
ここまでというのが
常識だった。

北海道つまり蝦夷地は日本じゃなかった。じゃあ、ここで問題。
平安、鎌倉、室町、戦国と続く時代の中で、日本の権力者はなぜ蝦夷地を領土にしなかったのか？
津軽海峡は、昔の船でも渡れるけど…でも冬は寒いから？違うな。
東北だって寒いし、ひょっとしてコメが穫《と》れないから？
大正解！
フン！
大和朝廷も武家政権の幕府も、農業重視の「コメ政権」だ。
だから、もともと熱帯原産のイネが栽培できない蝦夷地には、何の関心もなかった。
朱子学の狂信者松平定信も、蝦夷地など放っておけばよいという態度を取った。
しかし商業重視、交易の拠点という目で見るなら、まったく話は違ってくる。
ロシアとの交易ができるし、サケやクマの毛皮、さらに砂金など魅力的な産物がいっぱいある。

だから田沼意次は、アイヌ民族の協力が必要だと考えた。
じゃ、ロシア船の来航も交易が目的ですか？
それだけじゃない。彼らの目的を聞きに行こうか。
えっ、どこへ？
※大黒屋光太夫って知ってる？
えーと確か、日本人の船乗りで、漂流してロシアに救助された人でしたっけ。
そう、漂着後、足かけ十年間ロシアに滞在。
首都サンクトペテルブルクで女帝エカチェリーナ2世に謁見も許されている。
一日本人としては破格の待遇を受けた。
その理由を、彼を援《たす》けた博物学者キリル・ラクスマンの息子、アダム・ラクスマンに聞こうじゃないか。

※大黒屋光太夫（1751〜1828）：伊勢（三重県）の船頭。1782年、江戸へ向かう途中で遭難。アムチトカ島に漂着。1792年、根室に帰着。

1792(寛政4)年
ロシア軍艦
エカチェリーナ号
いよいよ故郷へ帰れますね。
ロシア陸軍
アダム・ラクスマン中尉
ありがとうございます。何もかもお父上とあなたのおかげです。御恩は忘れません。
日本人漂流民
大黒屋光太夫
私もあなたから日本語を教えてもらった恩があります。
いやいや、受けた御恩を少しお返ししただけ。
これからもできることがあれば何でも言ってください。

もちろんあります。我がロシア帝国は日本国と通商を始めたい。
そして、ゆくゆくは箱館や根室を開港し、我々に食料や物資を補給させてもらいたい。
その仲立ちをしてください。
シベリア開発のためですね。
そう！
シベリア！
トン！
宝の山です！鉱物も木材も何でもある。だが冬は厳しい。なかなか開発できません。

しかしシベリアの南にある日本が開発に協力してくれれば、我々も日本に対する援助を惜しみません。
工業技術でも医療でも物産でも、何でも提供します。ロシアと日本の共存共栄…
まさにそれです。
仰る通りです。ただ、日本の政府は商売や交易に偏見があって、悪いことだと考えてます。
話は簡単に進まないかもしれません。
そこは覚悟しておいてください。
それが分かりません。貿易をやれば大いに儲かります。国が富み、民も潤う。
なぜ、それがいけないのですか？
私にもよく分かりません。ただ日本の支配者であるサムライは誰もがそう考えているのです。
君ならラクスマンの疑問に完璧に答えられるだろ？
徳川家康が武士の基本教養として朱子学を導入したからですよね。

本来、日本には存在しなかった、中国人の商業や貿易に対する偏見が、武士の心に植えつけられてしまったから。
そう！
その代表的人物である松平定信は「商は詐《さ》なり」と言っている。
「商業とは詐欺」だとね。
彼らにとって貿易立国、つまり国が大いに商売をして儲けようなどという田沼的発想の人間は皆殺しにし排除せねばならない悪なんだ。
ここに気がつけば、やはり徳川家基は暗殺された可能性が高いということにもなる。
こういうことは日本史だけなんですか？
朱子学という思想が、大きな影響力を持っていることは分かりましたけど、
本場の中国ではどうなのかな。
やっぱり中国史にも大きな影響を与えてるんじゃないか、と思うんですけど。
よく気がついたね。
研究所に戻ろう、見せたいものがある。

▲マイフム
見せたいものって?
報道の映像だよ。
あっ、この人…
そう。
中国の最高指導者、習近平国家主席だ。
同時通訳の彼の言葉をよく聞いてて。

中国から中央アジアを経由してヨーロッパに繋がる陸路、かつてのシルク・ロードを「一帯」と呼びましょう。
そして中国沿岸部から東南アジア、アラビア半島の沿岸部。アフリカ東岸を結ぶ海路を「海のシルク・ロード」とし、さらにこれを「一路」と呼びましょう。
この「一帯一路」を共通の経済圏として、共存共栄を図ろうではないですか。

どう思う？
この「一帯一路」構想。
う〜ん…
軍国主義は困るけど、
本当に共存共栄の
経済圏を作るなら、
中国と周辺国にとっては、
いいことじゃないですか。
歴史家としての
僕の感想は…
習主席、
六百年遅かった
…だね。
えっ、
どういうこと
ですか？
じゃ、それを
見に行こう。
？
また船の上
ですか！
だね。

1419年
インド洋　東アフリカ
マリンディ（現ケニア）沖
明《ミン》帝国艦隊　総司令官
※鄭和《ていわ》（四十八歳）
彼がこの大艦隊の総司令官の鄭和だ。名前は聞いたことあるよね。
「鄭和の大航海」ですね。詳しくは知りませんけど。

※鄭和（1371〜1434頃）：明の宦官。永楽帝に仕える。

明の永楽帝※が派遣した大艦隊だ。
通算七度、インド・アフリカ方面まで航海し、東アフリカのケニアまで到達している。
ちなみに、この約八十年後、コロンブスはアメリカ大陸を発見、バスコ・ダ・ガマはインドとの通商ルートを開拓した。
しかし、それよりもずっと早く、鄭和は、習近平の目標でもある東アフリカに到達していたんだ。
分かるかい、この意味が?
スペインやポルトガルは、これらの貿易ルートの開拓で巨万の富を得て、世界の海洋帝国になった。
その気になれば中国も、この鄭和の航海ルートで貿易して大儲けし、
世界の海洋帝国になれたかもしれないってこと?
その通り。もし貿易ルートを開拓してたら、大国である明は世界一の大帝国になっていただろうし、
ちょうどスペインやポルトガルに征服された中南米の人々がスペイン語やポルトガル語を話すように…
アフリカにも中国語を話す国家がいくつもできていたかもしれない。

※永楽帝(1360～1424)：明の三代皇帝。在位1402～1424年。

いやそれどころか、現在のビジネス界の世界共通語が、英語ではなく中国語だったかもしれない。
ええっ!?
あり得ない話じゃないよ。英語が世界共通語になったのは、大英帝国が海洋帝国となって七つの海を支配したからだろ。
この時代、中国には明らかにそういうチャンスがあった。
※鄭和の大艦隊に比べれば、コロンブスの船団なんてたった三隻で大人と子供の差だからね。

※鄭和の大艦隊：宝船と呼ばれる巨大指揮船以下、大船六十二隻、乗員総数二万七千名余り。

明がチャンスを逃したのは…
朱子学の影響ですか?
いまいち分からないんですけど。
大艦隊派遣の理由を知っていれば分かるはずだけど?
ん〜明は儒教国だから、下賤な貿易はしないし…
周辺諸国に朝貢させる…かな。
明の皇帝に貢物を献上せよってこと?
間違いじゃないが…朝貢とは、周辺国側が中華帝国の徳を尊んで貢物を贈ること。朝貢を受けるってことは…
皇帝の儒教的徳を示すということだ。
要するに…
永楽帝は、自らの徳の高さの証明と海上覇権のために周辺国に朝貢を求めた。
ところが鄭和の遠征が大成功に終わって、多くの国が朝貢する段になると、

永楽帝はあわてて海外との交流を一切止めた。
朝貢してきた国には、大中国のメンツにかけて何倍ものお返しをしなければならない。
つまり、朝貢国が激増すれば明の経済は破綻してしまう。
メンツなんか捨てて普通に貿易すれば大儲けなのにね。
バッカみたい。
朱子学なんか気にしなきゃいいのに。
君と同じ思いを抱いた日本人、日本の英雄が四百年前にもいたよ。
誰か分かるだろ。
明を支配し、貿易拠点として活用すれば、スペインやポルトガル同様、世界帝国になれると考えた。
！
豊臣秀吉！

朱子学に毒されてない柔軟な頭脳を持っていた秀吉の身近には、スペイン人やポルトガル人が大勢いた。
だから気がついたのさ。
世界史の話かと思ったら日本史の話だったんだ。
当然だろ。時間と空間はどこでも繋がっている。国境線なんて地図の上だけだ。
その時空連続体のストーリーが歴史だ。本来、日本史とか世界史の区別はない。
そう言えば…
大黒屋光太夫が仲介しようとしてた日本とロシアの交渉はどうなったんですか？
結果は予想がつくだろ。日本側の代表はあの松平定信だったんだから！
やっぱり！

エピソード13 幕末の日本外交を阻害した朱子学狂信者達

コーヒーにお砂糖とミルクは？
いらん！
チョー感じ悪いんだけど。
ただいま〜。
ん？お客さん？

白河楽翁公報恩顕彰交流会
最高顧問 桜庭 満州男
頂いた名刺ですけど、何ですか？この楽翁公って？
楽翁は松平定信の号で、それに敬称をつけた呼び方だよ。
お待たせしました。
いざわ歴史研究所
所長 井沢 元彦
当研究所所長の井沢です。
お名刺から察するに、私が発表している松平定信の評価についてのご意見でしょうか？
その通り！
あんたの楽翁公に対する評価は納得いかん。
楽翁公ほど清廉潔白な名君はおらんと、わしは思っておる。

松平定信が白河藩主時代に飢饉対策をして多くの領民を餓死から救い、また倹約だけでなく殖産にも尽力したことは知っています。
しかし老中になってからは、朱子学的偏見に囚われ、数々の失政を重ねた。特にロシアへの対応はなっていいない。
楽翁公はロシアの要求に応えて信牌《しんぱい》を与えた。これはロシア問題解決の意図の表われだ。
それは違います。
もし彼がロシア問題をまじめに考えていたら、気に食わない前任者が実施したこととはいえ、
幕府の公的財産である蝦夷地調査報告書を受け取り、後世に残したはずです。
幕府の公式記録『徳川実紀』です…
よくご覧ください。蝦夷地調査団のことは、
一切書かれていない。つまり「なかったこと」になっている。

そんなことができるのは田沼の後に老中首座になった松平定信だけです。
そしてその記録が残ってないのは、幕府の恥だと考えていたということです。
本気でロシアと話し合うつもりなら長崎行きの信牌など与えず、箱館でも根室でも江戸でも話せばいいのです。
ふん！ロスケなどと真面目に話さなかったからといって名君ではなかったとは言えん！
桜庭さん…もし間違っていたら謝りますが、
ひょっとしてシベリア抑留のご経験者ですか？
いかにも。
ロスケという言葉でピンときました。
さぞかしご苦労なさったんでしょうね。
あれは…苦労なんていうもんじゃない。
当時、わしは二十歳を過ぎたばかり。
1947(昭和22)年　冬
ソビエト連邦(現ロシア)
シベリア

ドッ
ザ
倉本！
しっかりしろ！
桜庭…もういい…俺はダメだ。
何を言う！生きて日本に帰るんだ！
——！
ガッ

――!
列に戻れ、桜庭!
奴はもう助からん、
あきらめろ!
倉本――っ!
くそ!
もっとまともな
ものさえ
食っていれば!
ロスケの奴、
俺達を動物以下と
思ってやがる!

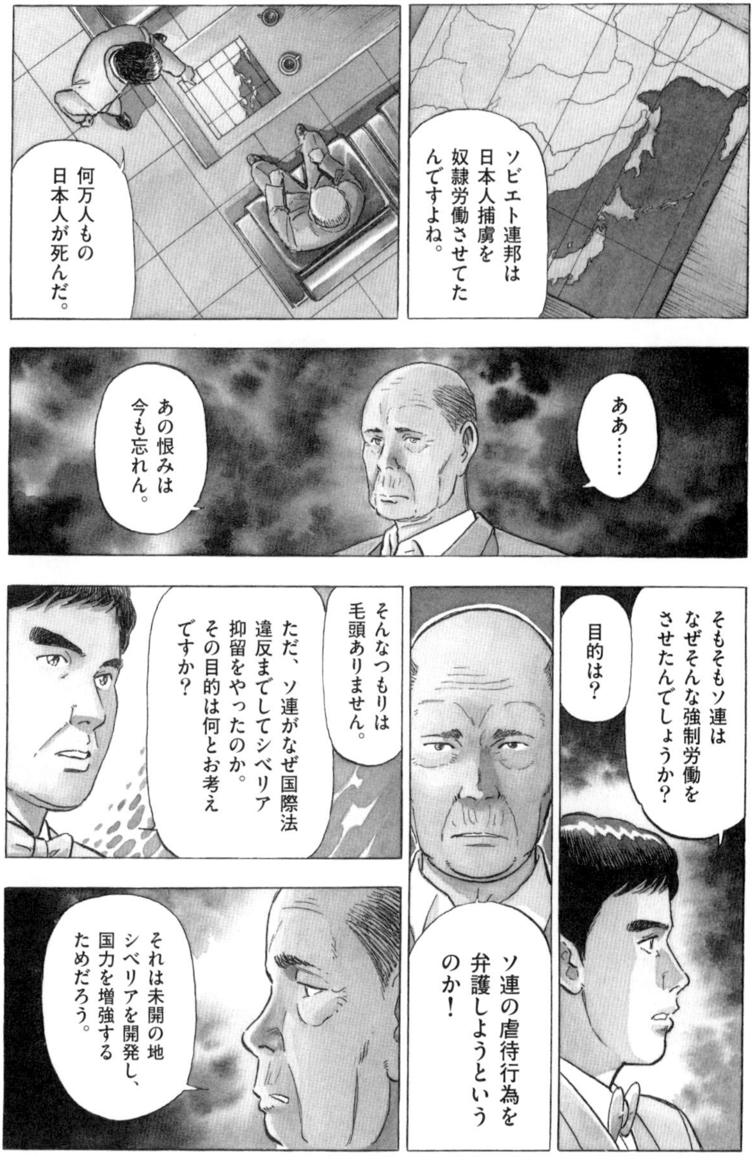
ソビエト連邦は日本人捕虜を奴隷労働させてたんですよね。
何万人もの日本人が死んだ。
ああ……
あの恨みは今も忘れん。
そもそもソ連はなぜそんな強制労働をさせたんでしょうか？
目的は？
ソ連の虐待行為を弁護しようというのか！
そんなつもりは毛頭ありません。
ただ、ソ連がなぜ国際法違反までしてシベリア抑留をやったのか。その目的は何とお考えですか？
それは未開の地シベリアを開発し、国力を増強するためだろう。

その通りでしょうね。シベリアは第二次大戦終了時点でも、十分に開発されていなかった。
資源の宝庫なのに。
しかしロシア帝国は既に松平定信の時代にシベリア開発を効率的に進めるため、
冬になっても凍らない不凍港と豊富な食料を持つ日本に友好親善を求めていた。
それを頭から拒否したのが定信です。私が何を言いたいかお分かりですよね。
もし楽翁公がそんな態度に出なければ、シベリアはもっと開発され、抑留などなかったとでも言うのか！
それどころか日露戦争すらなかったかもしれませんよ。
開戦の原因となったロシアの南下政策は不凍港を求めてのことですからね。
そんなバカな！そんなことはあり得ん！
確かに歴史は多くの要因で動かされています。絶対にとは言いませんが、
定信がロシアを拒否しなければ、日露関係はもっと友好的に進んでいたでしょう。

どうかよくお考えください。
……
ス…
分かった…あんたの意見も考えてみよう。
あ——、怖かった。
ところで、ロスケってどういう意味?
ああ、
かつてアメリカ人が日本人を馬鹿にしてジャップと呼んだように、
戦前まで日本語として使われていた、ロシア人に対する蔑称だ。もちろん使っちゃいけない言葉だよ。

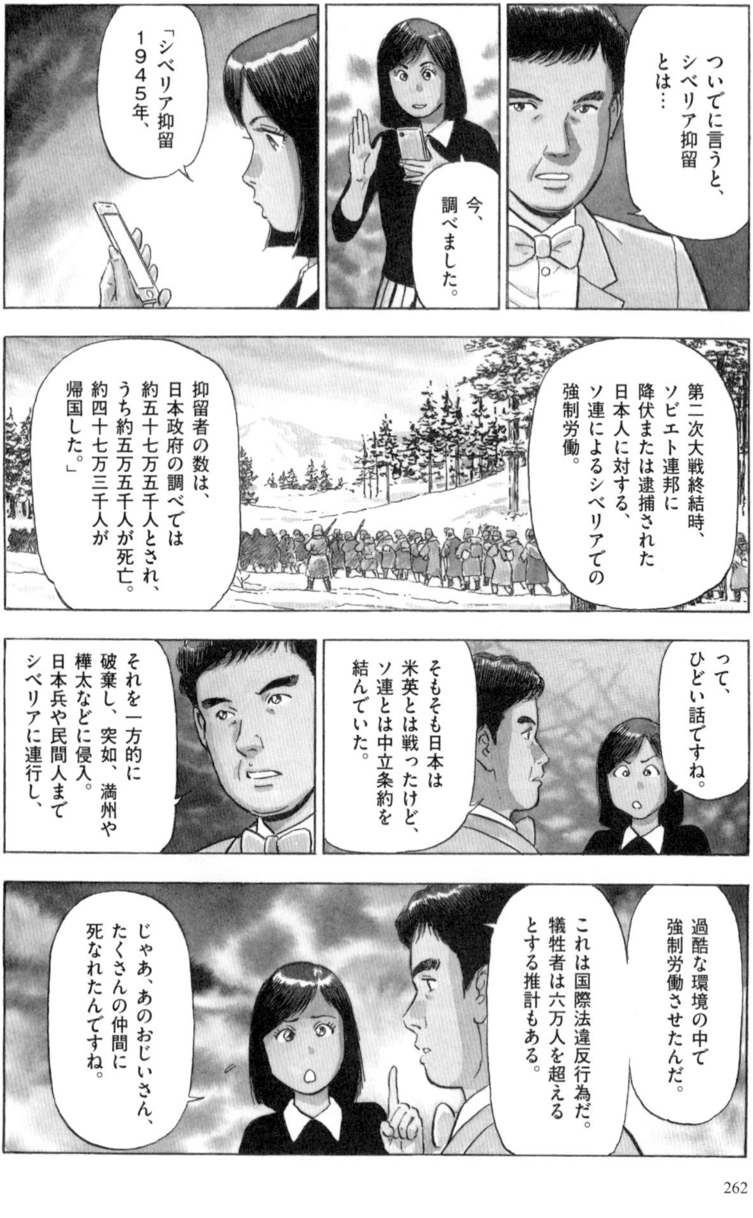
ついでに言うと、シベリア抑留とは…
今、調べました。
「シベリア抑留1945年、
第二次大戦終結時、ソビエト連邦に降伏または逮捕された日本人に対する、ソ連によるシベリアでの強制労働。
抑留者の数は、日本政府の調べでは約五十七万五千人とされ、うち約五万五千人が死亡。約四十七万三千人が帰国した。」
って、ひどい話ですね。
そもそも日本は米英とは戦ったけど、ソ連とは中立条約を結んでいた。
それを一方的に破棄し、突如、満州や樺太などに侵入。日本兵や民間人までシベリアに連行し、
過酷な環境の中で強制労働させたんだ。
これは国際法違反行為だ。犠牲者は六万人を超えるとする推計もある。
じゃあ、あのおじいさん、たくさんの仲間に死なれたんですね。

そうだろうね。
ただその遠因が朱子学の狂信者達にあると、気づいてないのが残念だよ。
それともう一つ、
意味の分からない言葉が…
信牌だろ。松平定信がラクスマンに与えた長崎入港許可証だ。
外国との交渉は長崎でやるのが日本の伝統。それなら交渉に応じるという形にした。
ん？長崎まで来れば交渉する形？
形ってことは裏の意味がある？
百聞は一見に如《し》かず。
見に行こう。
1805(文化2)年3月
長崎奉行所
長崎奉行
肥田《ひだ》頼常《よりつね》
目付
遠山《とおやま》景晋《かげくに》

貴国の態度には全権大使として抗議せざるをえません。
あまりにも常軌を逸している。
ロシア帝国全権大使
ニコライ・レザノフ
大使に代わって、その言葉を伝えます。
貴国は先年、老中松平定信殿の長崎入港許可書を先任者アダム・ラクスマンに与えた。
これを交渉開始の意思表示と捉えた我々は、
今回、ロシア皇帝アレクサンドル1世の親書を持参した。にもかかわらず半年以上待たされ、挙句、国書は受け取らず、交渉を続けるつもりもない。
一刻も早く退去せよとは、我がロシア帝国に対する侮辱も同然です。
分かっておられぬようだが、我が国には先祖の決めた法は変えてはならぬという掟がある。
それ故、通商交渉など一切行なわないということだ。一刻も早くお引き取り願おう。
しかし貴国はオランダとは貿易をしている。なぜロシアはダメなのですか？

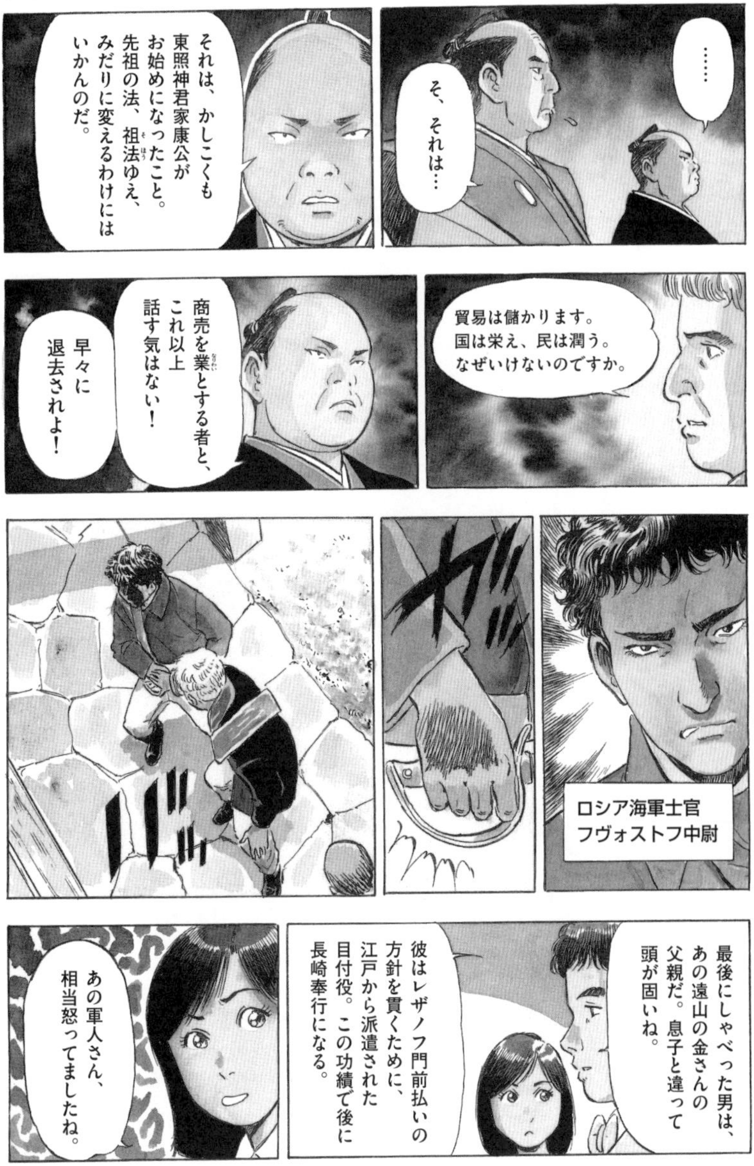
……
そ、それは…
それは、かしこくも東照神君家康公がお始めになったこと。先祖の法、祖法《そほう》ゆえ、みだりに変えるわけにはいかんのだ。
貿易は儲かります。国は栄え、民は潤う。なぜいけないのですか。
商売を業《なりわい》とする者と、これ以上話す気はない！
早々に退去されよ！
ロシア海軍士官 フヴォストフ中尉
最後にしゃべった男は、あの遠山の金さんの父親だ。息子と違って頭が固いね。
彼はレザノフ門前払いの方針を貫くために、江戸から派遣された目付役。この功績で後に長崎奉行になる。
あの軍人さん、相当怒ってましたね。

そりゃ怒るさ。長崎奉行はまず彼らの乗ってきた軍艦ナジェージダ号の武装解除を求めた。
軍艦の武装解除なんて戦争で負けた時にしかあり得ない。だけど彼らは応じた。
善隣友好関係を築き、通商ルートを開くのが目的だから、ロシア皇帝から乱暴なことは厳禁されていたからね。
ところが幕府はなかなか上陸を許さず、半年も焦《じ》らして、国書は受け取らない。
さらに即時退去を命じた。
この後、あのフヴォストフ中尉は蝦夷地の国境付近で日本側の施設を焼き打ちにする※暴挙に出る。
人は殺さなかったけどね。
ロシア側が怒るのは当然だと思う。
実は幕府上層部はこの時、現場に「怒らせ、恥をかかせ、門前払いにせよ」と指示していた。
それも松平定信の指示ですか。
いや、この時は既に彼は失脚していて、次の土井利《とし》厚《あつ》という老中が指示した。
でもロシアに対して、長崎へ行けば交渉に応じるかのように「問題の先送り」をしたのは松平定信だからね。

※暴挙：フヴォストフ事件または文化露寇とも。1806(文化3)～1807(文化4)年。樺太、択捉・利尻島を襲撃。

それに定信は老中在任中、
「江戸日本橋の水は中国、
オランダまで続いている」
と、日本の海防の必要性を
説いた※林《はやし》子《し》平《へい》を、
「身分の低い小物のくせに
世迷言を申すな」
と厳罰に処している。
呆れた！
ホントにどうしようもない人ですね。
定信は随筆も書いてるから頭のよい人ではある。
ところが、朱子学という独善と偏見に満ちた学問を学ぶと、子供以下の判断をするようになる。
この時代はすべてそういう目で見ないとね。
そうだ！
あの場面も見ておいた方がいいな。
ワァー
ガヤガヤ
ガヤガヤ
ワハハ
1837(天保8)年　夏
相模国　浦賀沖
米国船モリソン号

※林子平（1738〜1793）：江戸中期の人。海外事情に通じ、蝦夷地開拓の必要を説くも、『三国通覧図説』『海国兵談』の著作で幕府から弾圧され蟄居。

アハハハハッ
ワハハハハッ
ハハハハッ
うわっ、楽しそう!
日米間で歴史上初めて開かれた交流パーティだ。雰囲気いいだろう。ここは有名な浦賀沖だ。
ペリーの黒船がやって来た場所ですね。これはその後の話?
それが違うんだ。
実はペリー来航よりも十六年も前の話なんだよ。
えーっ、教科書と違う。誰もアメリカ人を怖がってない。
そりゃ、そうだよ。
彼らの目的は、ロシア人と同じ。貿易をすれば大いに儲かる、共存共栄だ。

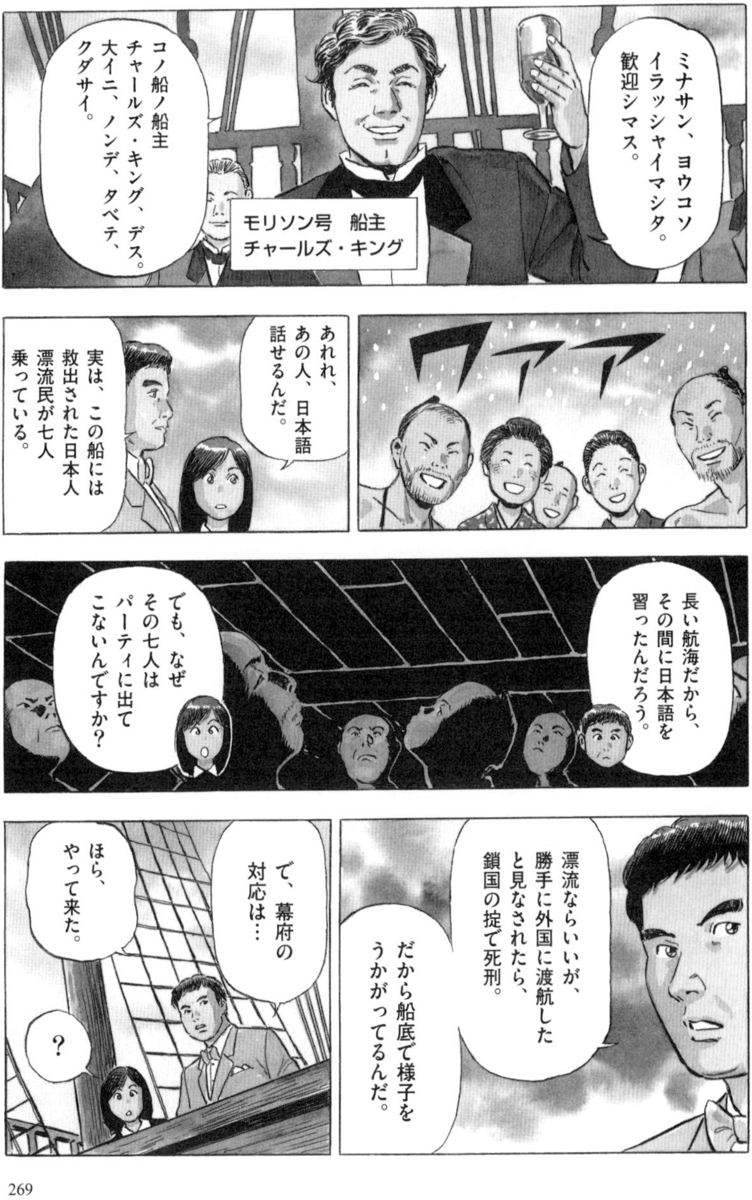
ミナサン、ヨウコソ
イラッシャイマシタ。
歓迎シマス。
モリソン号 船主
チャールズ・キング
コノ船ノ船主
チャールズ・キング、デス。
大イニ、ノンデ、タベテ、
クダサイ。
ワアア
あれれ、あの人、日本語話せるんだ。
実は、この船には救出された日本人漂流民が七人乗っている。
長い航海だから、その間に日本語を習ったんだろう。
でも、なぜその七人はパーティに出てこないんですか？
漂流ならいいが、勝手に外国に渡航したと見なされたら、鎖国の掟で死刑。
だから船底で様子をうかがってるんだ。
で、幕府の対応は…
ほら、やって来た。
？

浦賀奉行
浦賀奉行所である！
村の者はすべて船を下りよ！従わねばお咎めを受けるぞ！
ひっ
わああっ
バシャ
ドボ

外国船に告ぐ！直ちに湾内を退去せよ！
よいな！　しかと申し渡したぞ！
日本語で通告して分かるのかな…あっ日本人がいたんだ。そのこと、知ってるんですか？
いや、この時点では知らなかったようだが、もっと分かりやすいメッセージがある。
？
ドン！
ドン！
ドドッ
ドドドー

！
公海上に警察はいない。だから、この時代は民間商船でも小型の大砲ぐらいは装備してたんだけど、
モリソン号は日本を刺激しちゃいけないってことで大砲を外し、完全非武装でやって来た。
その船を幕府は問答無用で砲撃したんだよ。
幕府ってサイテー。
これじゃ滅びるわ。

エピソード14 フェートン号事件がもたらした異国船打払令の暴挙

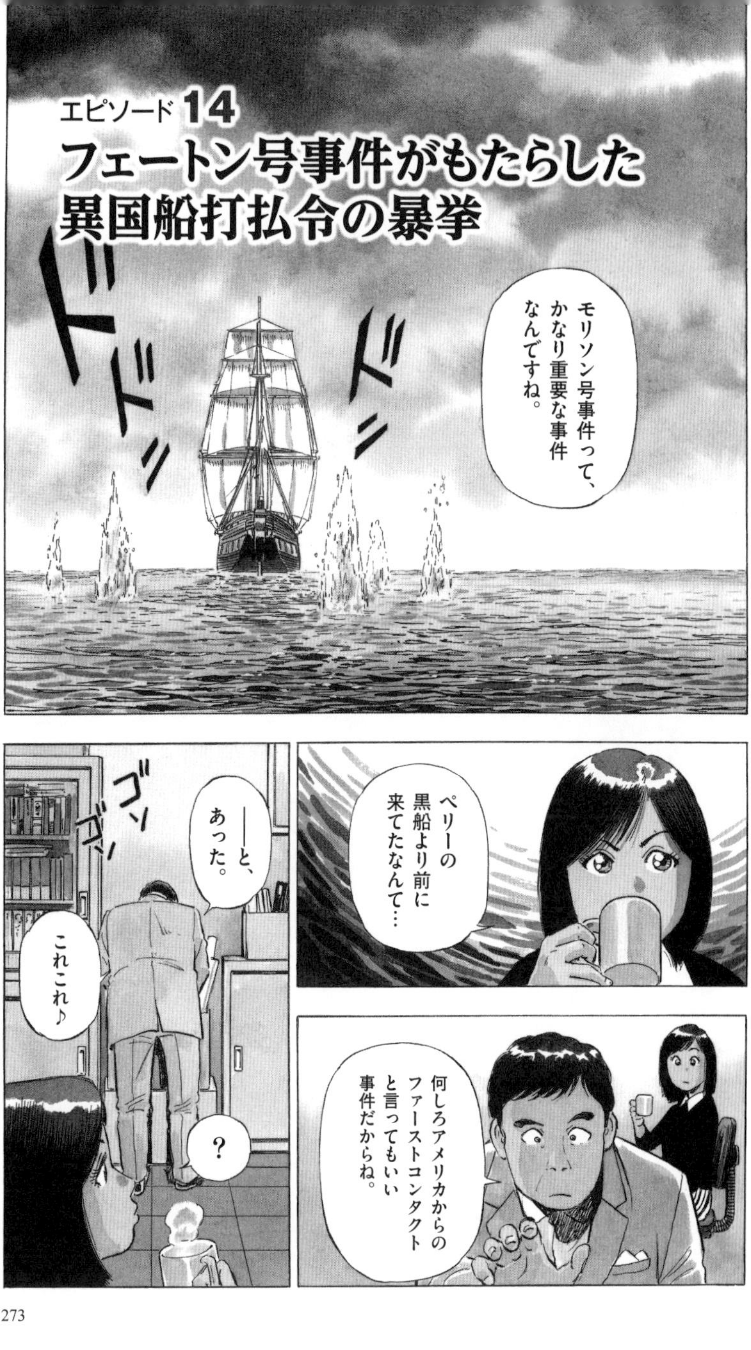
ドッ
ドッ
ドッ
モリソン号事件って、かなり重要な事件なんですね。
ペリーの黒船より前に来てたなんて…
何しろアメリカからのファーストコンタクトと言ってもいい事件だからね。
ゴソ
ゴソ
——と、あった。
これこれ♪
？

お馴染みの世界地図だが、
アメリカ中心だと、まったく違った世界が見えるだろう。
この辺りがニューヨークやボストンのある東海岸、
そしてこちら側がサン・フランシスコやロサンゼルスのある西海岸だ。
印象が全然違いますね。

まず
肝心な点は、
イギリスから
大西洋を渡ってきた
入植者達は、東海岸に
上陸したってこと。
この時点で西海岸はまだ
アメリカの領土じゃない。
いや正確に言えば
アメリカという国は
まだない。
イギリスの
植民地から独立
したんですよね。
そう。だけど
独立後も、西海岸は
アメリカじゃなかった。
そもそも
サン・フランシスコは
スペイン語。英語なら
セント・フランシス
だからね。
スペインの植民地だった
メキシコが独立、
西海岸の辺りを支配した。
それを※米墨《べいぼく》戦争に勝った
アメリカが領土としたんだ。
この西海岸の港町を
自国領としたアメリカ人達は
広大な太平洋を見て、
大きな望みを抱いた。
大きな望み？

※米墨戦争（1846～1848）：アメリカとメキシコ（墨西哥）間の戦争。テキサスを巡る国境紛争から開戦。米国が圧勝。

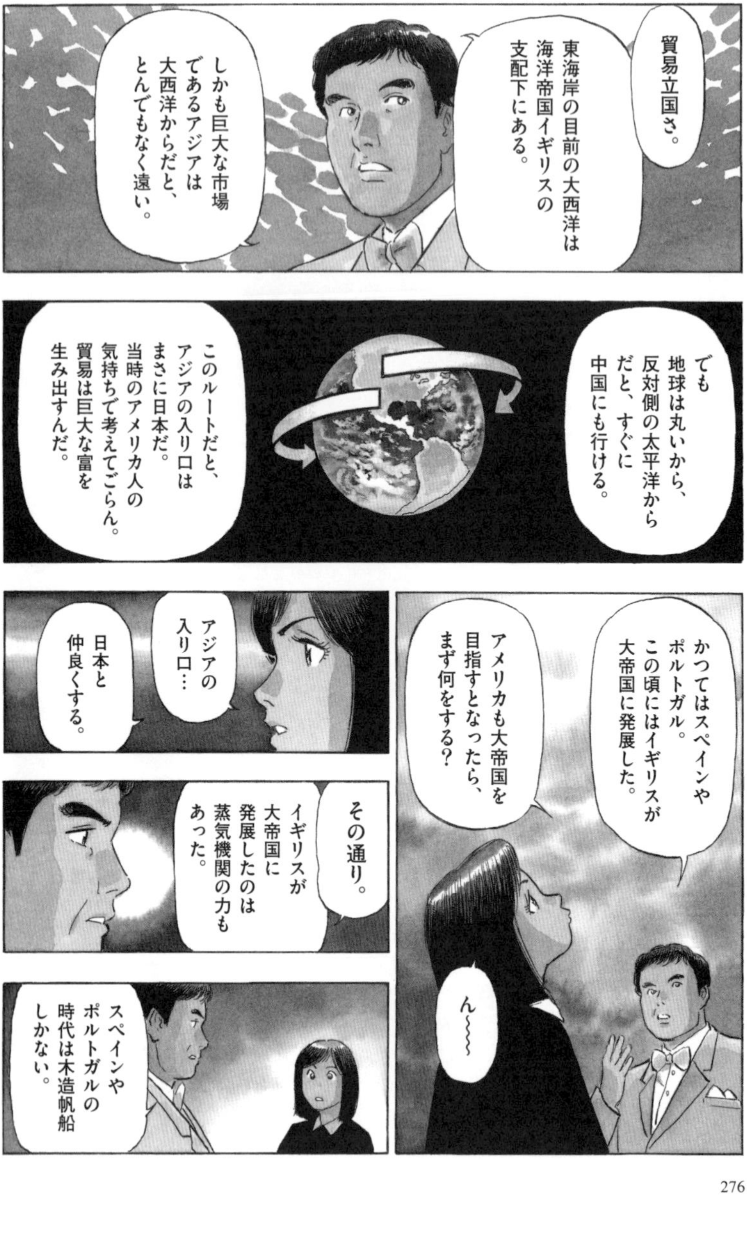

貿易立国さ。
東海岸の目前の大西洋は海洋帝国イギリスの支配下にある。
しかも巨大な市場であるアジアは大西洋からだと、とんでもなく遠い。
でも地球は丸いから、反対側の太平洋からだと、すぐに中国にも行ける。
このルートだと、アジアの入り口はまさに日本だ。当時のアメリカ人の気持ちで考えてごらん。貿易は巨大な富を生み出すんだ。
かつてはスペインやポルトガル。この頃にはイギリスが大帝国に発展した。
アメリカも大帝国を目指すとなったら、まず何をする？
ん〜〜〜
アジアの入り口…
日本と仲良くする。
その通り。
イギリスが大帝国に発展したのは蒸気機関の力もあった。
スペインやポルトガルの時代は木造帆船しかない。

しかし、巨大なパワーを生み出す蒸気機関で動く船は、スピードも積載量も木造帆船とはレベルが違う。
つまりスペインやポルトガルの何倍も早く、何倍も大きな帝国を造ることも夢ではない。
そうか。それをいち早く実現したのがイギリスなんですね。
ついでに言えば蒸気機関で動く蒸気船は運動能力が高いから鉄張りでも沈まない。
巨大な大砲も搭載できる。防御力も攻撃力もそれまでの船とは段違いなんだ。
それが、いわゆる黒船？
正確に言えば、木造帆船の時代から防水のために黒い塗料を塗っていたので、日本人は外国船を黒船と呼んでいたんだけど、
ペリーが乗ってきたサスケハナ号は蒸気船だった。

……
ロシアはシベリア開発のために、そしてアメリカも貿易のために日本と仲良くしたいと思っていた…
なのにモリソン号事件と同様、日本は追い返す対応をしたってことですか。
それが１８２５年に幕府が発した異国船打払令だ。
幕府ってアホだなあ。
一番大きな原因は朱子学ですか。
そうだよ。だから松平定信は名君じゃないのさ。彼だけじゃない。
残念ながら日本の大多数の武士は朱子学バカ。そうじゃなかった勝海舟や坂本龍馬が新しい時代を切り開いたんだ。
あ～あ。
それにしてもモリソン号って非武装の民間商船じゃないですか。
いくら貿易嫌いでも大砲を撃って追い返すことはないと思うんですけど…

その対応については、
幕府を弁護する
つもりはないけど、
ある事件の影響が
あったことは確かだ。
ある事件？
それを
見に行こうか。
えっ、
今度はどこへ？
長崎港だけど、
レザノフ来航の
数年後だ。
大砲を何十門も
装備している木造帆船、
イギリス海軍のフリゲート艦
フェートン号だよ。
1808(文化5)年　夏
船室には
出島のオランダ商館員
二名が軟禁されていて、
長崎港に碇をおろしている
ところだ。

フェートン号艦長
フリートウッド・ペリュー
長崎奉行所
※カピタンの申されますには、
一刻も早く人質となっている配下の者を人命第一で取り戻してもらいたい、
とのことです。

※カピタン：近世、鎖国時代における長崎・出島のオランダ商館長をさす。

分かっておる。エゲレス人の卑怯なやり口には腹をすえかねておるのじゃ。
長崎奉行
松平康英
ヒキョー、ソウデス。
我ラモ、腹、スエカネテマス。
オランダ商館長
ヘンドリック・ドゥーフ
シカシ、命、大切デス。オ願イシマス。
カピタン、分かり申した。
拙者にお任せあれ。二人とも必ず救い出します。
カタジケナイ！
オランダ国ヲ代表シテ、感謝シマス！
卑怯？ 人質？ 何のことですか？

長崎の出島にはオランダ商館があって、商館長つまりカピタン以下数名が駐在していた。
あくまで民間人の施設だ。
そこへイギリス海軍の軍艦がやって来た。
しかし、その軍艦は最初、オランダ国旗を掲げていたんだ。
母国からの船が来たと思った商館員は小舟で迎えに出たんだが…
その非武装の民間人をイギリス海軍の兵士がいきなり捕虜にした。

えっ?
そんなことしていいんですか?
いいわけないよ。
戦時国際法が決まるのはずっと後だが、軍人にあるまじき卑怯なやり方だね。
なぜそんなことを…?
当時、オランダはイギリスの敵。
そしてこの時、フェートン号は水と食料が不足していたらしい。
そこでオランダ人を人質にとって、第三国である日本に対し、薪水《しんすい》と食料を要求した。
要求を飲まねば湾内の日本船と唐船を焼き払うと脅してね。
キッタナーイ! それが海軍軍人のやることですか!
イギリス海軍を美化しちゃいけない。
海賊に毛の生えたようなもんだからね。
この後はどうなったんですか?
まさかオランダ人を見殺しにしてませんよね。

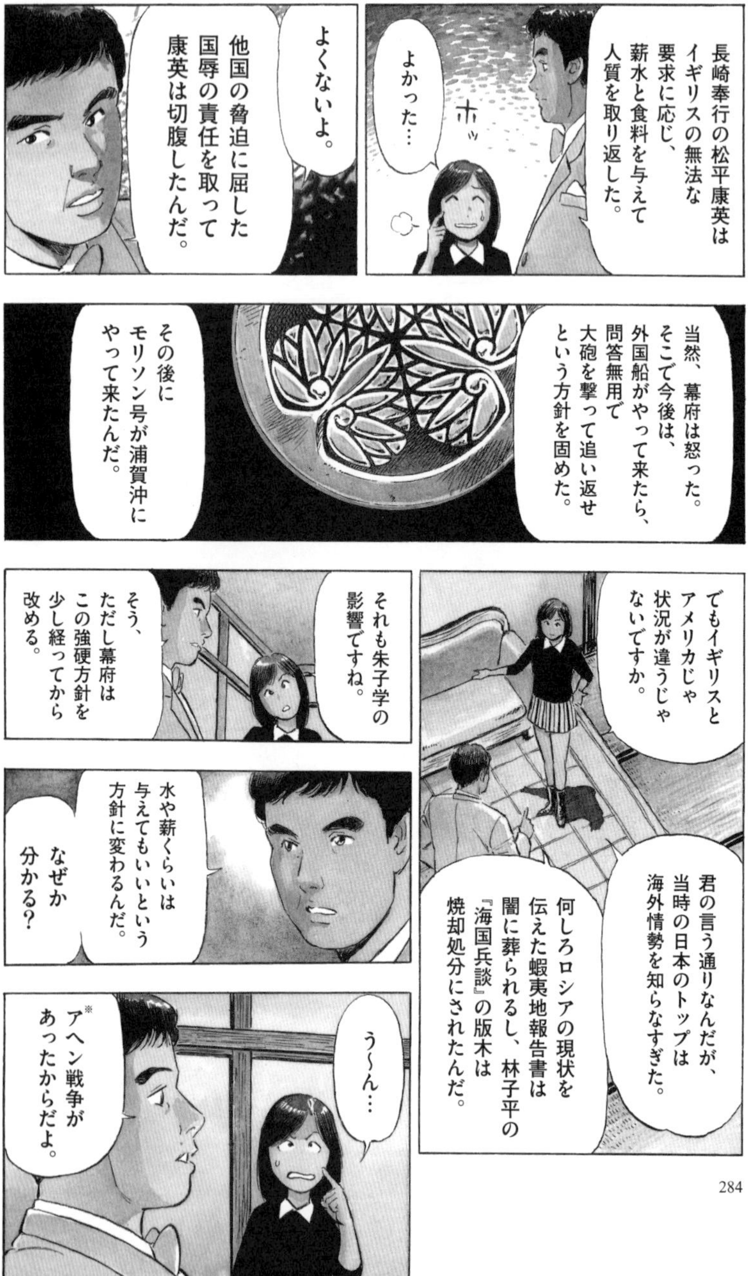

長崎奉行の松平康英はイギリスの無法な要求に応じ、薪水と食料を与えて人質を取り返した。
ホッ
よかった…
よくないよ。
他国の脅迫に屈した国辱の責任を取って康英は切腹したんだ。
当然、幕府は怒った。そこで今後は、外国船がやって来たら、問答無用で大砲を撃って追い返せという方針を固めた。
その後にモリソン号が浦賀沖にやって来たんだ。
でもイギリスとアメリカじゃ状況が違うじゃないですか。
君の言う通りなんだが、当時の日本のトップは海外情勢を知らなすぎた。
何しろロシアの現状を伝えた蝦夷地報告書は闇に葬られるし、林子平の『海国兵談』の版木は焼却処分にされたんだ。
それも朱子学の影響ですね。
そう、ただし幕府はこの強硬方針を少し経ってから改める。
水や薪くらいは与えてもいいという方針に変わるんだ。
なぜか分かる?
う〜ん…
※アヘン戦争があったからだよ。

※アヘン戦争（1840〜1842）：中国（清）のアヘン禁輸をきっかけに起きたイギリスと中国との戦争。

日本が大国と信じていた
清国、つまり当時の中国が
イギリスにボコボコにやられた。
それを知った幕府は怖《お》じ気《け》づき
方針を改めたってわけ。
アヘン戦争がどうして
起こったか知ってる
よね？
えっと、
確かイギリスが中国に
アヘンを売りつけて、
怒った中国がアヘンを焼却。
それにイギリスが難癖をつけて
戦争を仕掛けたんですよね。

当初イギリスは中国のお茶を買うのにちゃんと代金を払っていた。
しかしそれがもったいなくなった。
そこで植民地のインドで住民に奴隷労働させて安く造らせたアヘン、つまり麻薬を中国に売りつけて暴利をむさぼった。
怒った中国が抗議すると軍事力で叩き潰して香港を奪った。
暴力団以上のひどいやり方だろ。それに比べれば、フェートン号事件なんて大したことじゃない…
と、イギリス人は思っていただろうね。
呆れてものが言えないんですけど。
要するにイギリスは正当な貿易で儲けるよりはるかに、植民地支配や武力に訴えた方が儲かることに気がついた。
これを帝国主義と呼ぶ。

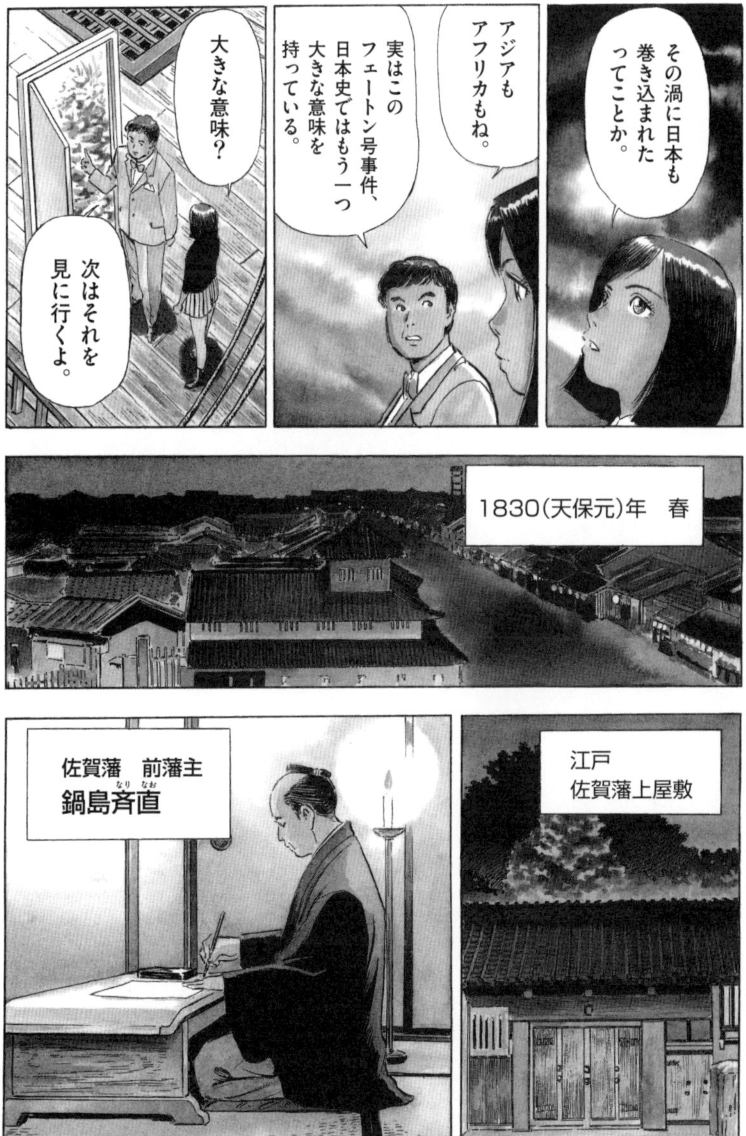
その渦に日本も巻き込まれたってことか。
アジアもアフリカもね。
実はこのフェートン号事件、日本史ではもう一つ大きな意味を持っている。
大きな意味？
次はそれを見に行くよ。
1830(天保元)年　春
江戸
佐賀藩上屋敷
佐賀藩　前藩主
鍋島斉《なり》直《なお》

父上、お話があります。
佐賀藩　新藩主
鍋島斉正《なりまさ》
夜更けに何事じゃ。
明日は出立であろう。佐賀は遠いぞ。
心得ております。
父上から国を預かった以上、やらねばならぬことがあります。
それを申し上げに参りました。
家臣どもの前では言えぬことか？
いずれは家臣どもも知ることにはなりましょうが…
その前に父上にはお知らせしておくべきかと。
すく

では
聞こう。
エゲレス船の一件を未だに遺恨としておるのか。
いえ。
遺恨ではございません。屈辱でございます。
異国船の無法にまったく立ち向かえなかった我が家の不甲斐なさ。
藩を挙げて、西洋の技術を学び、学ばせ、きゃつらに負けぬ国を造る所存でございます。

そして、この重大事に正面切って立ち向かわぬ御公儀の不甲斐なさ…
待て待て。
それはわしも同感。じゃが御公儀への批判はならぬ。
それが大名の心得の第一じゃ。
口には出しません。父上にだけ申し上げました。
……
それにしても難儀な道じゃぞ。
カネはかかるし、御公儀には睨まれるかもしれぬ。
覚悟しております。

エゲレス船の一件って、フェートン号事件のことですよね？
そう、
長崎は幕府直轄で、奉行所はあるが少数の役人しかいない。
そこで湾内の警備は幕府の命令で隣接する藩が担当していた。
あの事件当時の担当は佐賀鍋島家だった。
しかし、佐賀藩が持っていたのは戦国時代の装備だ。イギリス海軍の軍艦にかなうわけがない。
なのに幕府は責任を押しつけた。怒ったのが、あの若殿鍋島斉正、後の閑《かん》叟《そう》だ。

カンソーさん？
日本の歴史の中では あまり有名人じゃ ないけど…
実は佐賀藩はこの後、 あの若殿の リーダーシップの下に、 佐賀藩を西洋列強に 立ち向かえるような 一大工業国家、 軍事国家に変えた。
「明治維新は一足先に 佐賀藩で実現された」 と評する人もいるくらい、 一藩だけで富国強兵を 成し遂げたんだ。

エピソード15
「オランダ国王開国勧告」を拒絶した「祖法」の呪縛

結局、徳川幕府が滅びたのは、松平定信が蝦夷地報告書を闇に葬ったように、
せっかくいろんな情報があるのに朱子学的偏見から遮断してしまったからなんですね。
その通り。朱子学が根本原因というのは間違いない。
蝦夷地報告書や林子平の『海国兵談』は、定信の「遮断」によって他の老中や日本人の目に触れなかった。
しかし、
実は幕末、海外に関する「完璧な情報」が幕閣には届いていたんだ。

ところが
その情報に対する
判断がダメだった。
完璧な情報?
その判断?
そう。
じゃそれを
見に行くよ。
カチャ
?
1845(弘化2)年
江戸　備後福山藩上屋敷
老中首座
阿部正弘(二十七歳)
薩摩藩世子
島津斉彬《なりあきら》(三十七歳)
話にならん!
本当に幕閣はこれを
オランダ国王への
返書とするのか?
残念ながら
その通りだ。

貴公は筆頭老中ではないか。何とかならぬのか。
どうにもならぬ。筆頭とはいえ、三人の中の一人に過ぎぬ。他の二人は年上、年長者には逆らえぬ。
愚劣だ！愚劣極まりない！
貴公と拙者の仲だから言わせてもらう。そもそも、オランダ国王は我が国を心配され、誠意ある忠告を下された。
本来ならば真摯《しんし》に受け止め、我が国を改革する指針とすべきなのだ。
にもかかわらず、この回答は無礼極まりないではないか！
唯一の味方であるオランダ国すら敵に回すつもりか！
分かっている。分かってはいるが、それでも動かせぬのが幕閣というもの。
我々は祖法に従う下僕《しもべ》にすぎぬ。
また朱子学か！話にならん！
そうそう、カピタンから面白い話を聞いた。
オランダ国王の親書は、あの※シーボルトの働きかけで実現したのだそうだ。
何と、シーボルト先生がか！

※シーボルト（1796～1866）：ドイツ・ヴュルツブルク出身の医者・博物学者。1823年に来日し、長崎に鳴滝塾を開設。診療と教育にあたり、日本の西洋医学発展に影響を与えた。1829年に追放となるも、三十年後、再び来日。幕府の外事顧問を務めた。

話題について
いけないんです
けど。
まず左が老中首座で、
備後福山藩藩主阿部正弘。
右の客座にいるのが、
後に幕末最高の名君
と呼ばれた
薩摩藩の島津斉彬。
この時期は
まだ当主ではなく、
次の藩主に予定されている
若殿だけどね。
阿部老中って
イケメンですね。
阿部老中が登城すると、
大奥の女達が騒いだ
という伝説がある。
斉彬は四十歳くらいで
若くはないが、
父親が隠居すべき年に
なってもそうせず、
彼は待たされている。
なぜ？
それも朱子学が
原因なんだ。
後で説明しよう。
とりあえず二人の
関係だけど、
現役の老中阿部正弘と、
薩摩藩の世継ぎに過ぎない
島津斉彬とでは
身分が違う。
対等な物言いなど
絶対あり得ない。
でも「タメ口」だろ。
仲がよかったんだ。

老中でもなく
大名でもなく、お互い
一人の日本人として
向き合っている。
この当時はアヘン戦争
直後で、国家的危機に
日本人同士、団結しよう
という考えが
育ってきてるんだ。
なるほど…
二人の話題、
オランダ国王への
返事みたい
ですけど…国王は
何を書いてきた
んですか？
研究所に
戻ろう。そこに
史料がある。
あった、
これだ！
シーボルトの弟子の
日本人が書いた本だ。
ここに当時の
オランダ国王
ウィレム２世が日本の
将軍に送ってきた
親書の現代語訳がある。
…ん、
シーボルトは
知ってるよね？
んーと、
幕末に長崎の出島に
やって来た
オランダ人で日本人に
医学を教えた…

正確にはドイツ人だ。
でもドイツ人じゃ
日本に入国できないので、
オランダ人という触れ込みで
日本に滞在した。
親日派外国人第一号
と呼んでもいい人物
だろうね。
彼は結局、日本国の地図を
持ち出そうとしたスパイ容疑で
追放処分になるんだが、
帰国後、日本を真剣に心配し
忠告しようとした。
しかし一介の医師の
忠告など、幕府が
受け入れるわけがない。
そこで八方手を尽くして
オランダ国王の忠告
という形で
日本に届くようにした。
その内容は？
まず前置きに、これは
日本国の政治外交に
関する問題だと記し、
将来の危険を避ける
ために、あえて忠告
させて頂く、とある。
相手国への内政干渉は
現代でも失礼なこと。
だから高飛車ではなく
低姿勢にね。
内容は、蒸気船という
スピードと攻撃力に優れた
船舶が出現して
世界は狭くなった。
そして貿易よりも
武力による征服を好む
イギリスという国家も
出現した。

この親書は、アヘン戦争が終了した二年後の1844年に出されている。オランダ国王は、
日本がこれ以上、外国船を武力で追い払うような政策を続ければ、必ず不幸な事態が起きる。政策の転換を図るべきだと忠告してくれた。
貴重な情報じゃないですか！で、幕府の返事は？
さっき島津斉彬が読んでた書面だね。
まずこう述べている。我が国は、貴国と通商はしているが、通信つまり外交は一切やっていない。
これは我が国の祖法《そほう》だから絶対変えられないし、変えるつもりもない。
そのソホーって何でしたっけ？前にも聞いたような…
遠山の金さんのパパも、祖法だから変えられないって…
キュッ
祖法
説明しよう。

レザノフが日本との通商を求めた時、幕府から対露関係を諮問された儒学者の林述《じゅつ》斎《さい》が「祖宗之法」という言葉を使っている。
つまり「祖法」とは、朱子学で最も重要な概念で「先祖が決めた古来のルール」ってこと。
そして「祖法は絶対に変えてはならない」というのが朱子学の教えなんだ。
では、なぜ絶対に変えてはいけないのか？
祖法
ヒントは、朱子学で一番大切な道徳は「主君に対する忠義」ではなく、「親に対する孝行」だということ。
その理想像の一つ、子を殺してでも親を生かそうとした※郭《かく》巨《きょ》の話は覚えてる？
親の親が先祖、その先祖達が決めたルールを変えることは親孝行に反するってことですね。
でも、なぜ親孝行に反するのか分からないです。

※エピソード3参照

「物事を改める」とは、「前のやり方は悪かった」と認めること。
でもそれは御先祖様達が「悪かった」と認めたも同然。つまり親孝行に反するわけだ。
祖法
でも、世の中が進歩するには、古いやり方を捨てて新しくするしかないじゃないですか！
外国はライフル銃だけど、日本は火縄銃のままってこと!?
まあ、そんな感じかな。
かつて島津斉彬も勝海舟も、そして後には西郷隆盛も坂本龍馬も高杉晋作もそう考えるようになった。
しかし、子供の頃から朱子学を叩き込まれていると、当たり前の思考ができなくなる。
祖法
「改革＝孝に反する最大の悪」という考え方に陥ってしまう。阿部老中も言ってたじゃないか。
分かってはいる。
だが我々は祖法の下僕だ、変えられない。
でも教科書には、祖法のせいで幕府が開国に踏み切れなかったとは書いてませんよ。
世界情勢の認識に乏しい…とかはあったかな。

認識が乏しいわけじゃない。認識してても祖法があるから受け入れられないってこと。
その理由が朱子学の教えに基づくことを、最低限歴史教科書に書くべきだろうね。
何て言ったらいいのか…どうしようもないんですかね。
歴史を動かすのは人間で、人間はその時代の思想や宗教に強く影響される。
そんな当たり前のことが日本の歴史学界は分かっていない。
そうだ。幕末屈指の名君島津斉彬がどういう教育を受けたのか、見に行こう。
1826(文政9)年　春
江戸　阿蘭陀宿長崎屋

あれ、島津斉彬？
そう、さっきより十九年前だ。
薩摩藩島津家世子
島津斉彬（十八歳）
老人は斉彬の曽祖父、ひいお爺ちゃんの島津重豪。
薩摩藩第八代藩主
島津重豪《しげひで》（八十二歳）
真ん中が、重豪の次男で奥平家に養子にいった昌高。斉彬の大叔父にあたる。
豊前中津藩
奥平《おくだいら》昌高《まさたか》（四十八歳）
三人の正面の外国人がシーボルトだ。
オランダ商館付医師
フィリップ・フランツ・フォン・シーボルト
斉彬とシーボルトは会ったことがあるんですね。
重豪が会わせたんだ。
斉彬は島津家の跡取りだから人質政策で江戸を出られない。
だからオランダ商館員が江戸にやって来る数少ない機会に斉彬を連れて来たんだ。
何のために？
まあ見ててごらん。

シーボルト先生、わしの自慢の曽孫で、斉彬という。以後見知りおかれたい。
Oh!
ナリアキラ様！
ヨロシクオ願イシマス。
こうするのじゃ。
頭は下げずともよい。それより相手の目を見なさい。
これが※ハンドルック。オランダ人の挨拶じゃ。
ソウデス、ソウデス！

※handdruk：オランダ語で握手の意味。

ナリアキラ様。私、
コノ国大好キデス。
コノ国ノタメニ
何カ役ニ立チタイ。
イツモソウ思ッテマス。
ドウカ、今後トモ
ヨロシクオ願イシマス。
はい、
よく分かりました。
わたくしの方こそ
よろしくお願いします。
それでよい、
それでよい。
どうじゃ斉彬。
異人などと申しても
同じ赤い血の流れる
人間じゃ。
こうして仲良くする
こともできる。
このこと決して
忘れまいぞ。
はい!
大叔父上、
ご教示ありがとう
ございました。
これこれ、
叔父上でよい。
いっぺんに爺様に
なったようじゃ。
わしは、
ひい爺様
じゃがな。
わははは
いい雰囲気
だなあ。
こんな雰囲気なのに
どうして開国
できなかったんだろ?

このひい爺様、島津重豪の息子は島津斉宣《なりのぶ》。その息子つまり重豪の孫が斉興《なりおき》で、斉彬の父。
実は斉宣と斉興はガチガチの朱子学信者で、重豪とは激しく対立してたんだ。
実の親子で、孫なんでしょ？
この時代、殿様は参勤交代で江戸と領国を往復する。息子は人質として江戸に留めおかれる。
その息子の教育は家臣に任せっきりになる。
その教育が朱子学、つまり二人とも洗脳されてしまったんだ。
朱子学では、外国人は野蛮で学ぶべきものは何もないとする。だから朱子学を叩き込まれると、外国人は一種の化け物のようなもので、
出ていけという思想になる。
重豪は息子と孫の教育には失敗した。
しかし隠居してしまえばずっと江戸にいられる。
そうか…
それで曽孫だけは自分の手で教育しようと思ったんだ。

そういうこと。
今までの歴史書には「特に可愛がっていた、一緒に風呂にも入った」としか書かれてないけど、
物事には何でも理由があるんだよ。
これで、斉彬が中年になっても、父の斉興が家督を譲ろうとしなかった理由も分かっただろ。
苦労したんですね。
いや、苦労なんてものじゃない。斉興と斉彬は後に決定的に対立する。
その渦中で斉彬は不可解な死を遂げるんだ。
記録上は病死だが、僕は殺されたと思っている。父の斉興の差し金でね。
えっ！
ほんとにそんなことが…
ああ、たぶん間違いない。
まあ、少し先の話だけどね。
モリソン号砲撃事件の後、日米関係がどうなったか確認しておこうか。

1846(弘化3)年　夏
相模国　浦賀海岸
ここはどこですか？あの小舟に降りてきた偉そうな人は誰？
アメリカ東インド艦隊
ジェームズ・ビッドル
司令長官
小舟じゃなく、カッターボートね。
九年前にあのモリソン号が来て、七年後にはあの黒船がやって来る浦賀沖だよ。
あの人はアメリカ大統領が派遣したジェームズ・ビッドル司令長官だ。
友好関係を求めた大統領からの親書への返事を受け取るため、ボートに乗り込んだところ。
日本側の返事？何て返事したんですか？
まあまあ、見てれば分かるよ。

日本側から、大統領への返事を受け取りに来いと連絡があったので、
あの和船まで、司令長官が自ら受け取りに向かっている。もうすぐ着くよ。
ドンッ！
あっ！
――――！
――――！
司令長官を突き飛ばした！今、突き飛ばしましたよ！
ビッドルさん、偉い！怒った部下をなだめてる！
それに引き替え、何ですか日本側の態度。
現場に彼が来ると聞いてなかったんだよ。
でも、いきなり突き飛ばすとはね。やはり朱子学の外国人への偏見かも。

この後、報復とか戦争になったりしなかったんですか?
ならなかった。
なぜならビッドルは大統領から、日本と友好親善関係を築くのが目的だから、くれぐれも乱暴なことはするな、と命令されていたからね。
しかし帰国後、ビッドルの態度は大問題になった。
アメリカ海軍をなめるな、アメリカ合衆国がなめられていいのか…ってね。
そこで次に日本に派遣する人選では、屈強な人物が選ばれた。
あっ、
その人って、あの人?
そう、だからペリーが選ばれた。ペリーを実見した者の証言では、身長を6尺4～5寸(約194～197㎝)と記録している。
けっこう威張っていたらしく、彼のあだ名は「熊おやじ」だったそうだ。

なるほど。
さて、
いろいろ見てきたけど、徳川幕府が最後を迎えるこの時、問題はどこにあるか、もう分かるだろう？
なぜ幕府は自ら改革できなかったのか。例えば佐賀藩にはできたのに、ということですか？
よく分かってきたじゃない。
佐賀藩にできたのは朱子学の影響が少なかったからですか？
そうとも言えない。
佐賀藩には『葉《は》隠《がくれ》』という武士道の哲学書が伝わっていてね。
それは朱子学の影響を強く受けた、主君への絶対忠誠を説く哲学だ。この点は幕府と同じだ。
じゃあ、何が道を分けたんでしょうか？
明治維新を成し遂げた薩摩藩島津家、長州藩毛利家、土佐藩山内家、そして佐賀（肥前）藩鍋島家。
「薩長土肥」と呼ばれていたこれらの藩でも朱子学を家臣らに学ばせている。

だからこそ「徳川将軍家は覇者に過ぎず、王者である天皇家の政権を築くべきだ」という方向に動いた。
もう一つの共通点は、現実をきちんと見ていたこと。「商売=悪」だけど、それをやらねば財政再建できないとか、
欧米列強の軍事力には、戦国時代から進歩していない日本の軍備じゃ太刀打ちできないとか。
当たり前のことじゃないですか。
そう。その当たり前のことを実行した勢力が勝ち、それができなかった組織は滅びた。
「当たり前のこと」が簡単にはできないところが歴史なんだ。
それが一番よく分かるのが、幕末から明治にかけての歴史かもしれないな。
江戸大改革編　完

逆説コラム5 何がイギリスに「帝国主義」という悪魔をもたらしたか

あなたは子供の頃、魔法使いになりたいと思ったことはあるだろうか？　魔力で何でもできる。誰もあなたに逆らうことはできない。そんな力を持った時、あなたは「正義の味方」になっただろうか、それとも絶対に捕まらない大悪人になっただろうか。

誰もが「正義のヒーロー」になったと言いたいところだろうが、歴史上そういう立場になった国家は「悪魔」になってしまった。それが現在は「紳士の国イギリス」、つまり大英帝国である。

「魔法の力」の秘密は、蒸気機関という人類が初めて手にした強大な力を持つエンジンと、産業革命そして資本主義で蓄えた強大な経済力であった。陸上では、これまで馬車に頼るしかなかった貨物輸送が蒸気機関車により拡大迅速化された。海上では、木造帆船に代わって鉄張りの蒸気船が登場した。風力で走るため軽く造らねばならない木造帆船と違って、巨大な重砲も搭載できるから、艦砲射撃で地上の要塞《ようさい》を破壊することも可能になった。もちろん、荷物も大量に積め、帆船に比べてスピードも段違いだから、かつてのスペイン、ポルトガルよりずっと短い年月で貿易立国の大海洋帝国になることもできた。

イギリスも最初はまともな貿易をしていた。対等貿易でも大いに儲《もう》かるからだ。しかし、イギリスは気がついてしまった。対等貿易など、やる必要はない、イギリス艦隊（海軍）あるいはイギリス陸軍に対抗できる軍隊など、少なくともアジアや中東には存在しないのだから、武力に物を言わせて商品から領土まで奪い取ってしまえばいいのだ、と。

これを「帝国主義」と呼ぶ。インドを植民地にし、中国（清《シン》）にはアヘンを売りつけ、文句を言ってきたら軍事力で叩《たた》き潰《つぶ》した。アヘン戦争である。イギリス国内ですら良心的な人は「最も恥知らずな戦争」と呼んだが、その「恥知らず」が世界に拡散していく。「やらねば植民地にされる」からだ。日本もこの道を行った。そして、資本主義への絶望は、共産主義を誕生させることにもなった。

かつて多くの若者が共産主義を熱烈に支持したのは、そのためである。

「オランダ国王開国勧告」に対する幕府の返書

エピソード15に登場する「オランダ国王の開国勧告」に対する幕府の返書を現代語訳しよう（原漢文）。

昨年（1844年）7月、貴国の船が国王の親書を携えて肥前国長崎港に来航しました。伊澤政義が国書を受け取り、幕府へと持ってまいりました。貴国とは二百年もの通商があり、我が国の悪いところをご存じで、多くの御忠告をいただき感謝するばかりです。

しかし、今はそれには及ばないところです。我が祖徳川家康は開幕の際、海外諸国とは通信（国書の交換）も貿易も行なっておりませんでした。後になって通信を行なう国々と通商を行なう国々を定めております。つまり、通信は朝鮮国と琉球国に限っており、通商は貴国と中国とのみ行なっております。この他には、新たに交通を結んでいる国はありません。貴国と我が国との関係はこれまで通商はございましたが、通信はございませんでした。

この度、親書をお送りするとすれば国の祖法《そほう》に違反するところになります。そのことを国王にお伝えする所存です。

わが国の祖法は厳密に守られているのです。この祖法は子々孫々に至るまで長く守られるべきものなのです。失礼ながら、以後、こうした親書はご遠慮いただきたく存じます。ただし、貴国との通商に関しましては約定に従い、これまで通り続けていく所存です。

国王の忠言を耳にした我が主《あるじ》は大変深い感銘を受けております。十分に意を尽くせません。そのような経緯がございますので、どうかご了承のほどをお願い申し上げる次第です。

日本国老中　阿部正弘、牧野忠雅、青山忠良《ただなが》

こういうのを慇懃《いんぎん》無礼という。言葉は丁寧だが、要するに、朱子学信者の幕閣は「お前の国とは通信しないことになっている。もう二度と手紙を送ってくるな！」と言っている。その理由は「祖法」である。オランダ国王が実に懇切丁寧に国際情勢を説明し、日本が国難を回避するためには開国しかない、と勧告してくれたのに、祖法を理由に幕府は拒否したわけだ。

■作画参考資料■

『江戸図屏風』(国立歴史民俗博物館所蔵)
『加賀藩大名行列図屏風』(石川県立歴史博物館所蔵)
『桜町殿行幸図』(国立公文書館所蔵)
『シーボルト肖像』(佐賀県立美術館所蔵)
『田沼意次侯画像』(牧之原市史料館所蔵)
『近松門左衛門肖像』(早稲田大学演劇博物館所蔵)
『徳川綱吉肖像』(徳川美術館所蔵)
『林大学頭述斎肖像稿本』(田原市博物館所蔵)
『平賀鳩渓肖像』(慶應義塾図書館所蔵)
『松平定信像』(福島県立博物館所蔵)
『満洲魯西亜境界図』(横浜市立大学所蔵)

旧江戸城田安門写真(東京国立博物館所蔵)
旧鹿児島城御楼門写真(鹿児島県歴史資料センター黎明館所蔵)
鍋島直正肖像写真(鍋島報效会徴古館所蔵)
マシュー・ペリー像写真(メトロポリタン美術館所蔵)

井原西鶴像(生國魂神社内)
織田信長銅像(清洲公園内)
徳川家康公像(駿府城公園内)
保科正之公像(高遠城址公園内高遠歴史博物館前)

江戸東京博物館HP
宮内庁HP
熊本城公式WEBサイト
ロンドン・グローブ座WEBサイト
小倉城HP
史跡湯島聖堂HP
首里城公園HP
駿府城公園HP
長崎歴史文化博物館HP
日光東照宮HP
日本銀行金融研究所貨幣博物館HP

■おことわり/本文中の引用文献に、現代では差別とされる表現がありますが、人権意識が低い当時の社会情勢を知るために、あえて原文のまま掲載しました。

■初出/本書は、小学館のウェブマガジン「P+D MAGAZINE」(2018年1月～2019年4月配信)とPR誌「本の窓」(2018年5月～2019年9・10月合併号)に連載された同名作品を、単行本化にあたって加筆改稿し再構成したものです。

●本文デザイン/ためのり企画
●編集協力/小学館ナニング(大島 誠、槌田征良)、小林潤子
●校正/玄冬書林
●企画プロデュース&編集/西澤 潤

【江戸大改革編】略年表

	日本	諸外国 ※中＝中国 朝＝朝鮮 露＝ロシア 欧＝ヨーロッパ 米＝アメリカ 印＝インド
1600（慶長5）	関ヶ原の戦い、徳川家康が勝利し石田三成ら処刑される	
1600		欧 オランダ船リーフデ号日本漂着
1603（慶長8）	家康、征夷大将軍となる（江戸幕府の成立）	
1605（慶長10）	家康、将軍職を秀忠に譲る	
1609（慶長14）	島津家久、琉球を侵略	
1612（慶長17）	キリスト教禁止令	
1614（慶長19）	大坂冬の陣	
1615（元和元）	大坂夏の陣、豊臣家滅亡（元和偃武）／一国一城令、武家諸法度、禁中並公家諸法度出される	
1616（元和2）	徳川家康没	
1616		中 ヌルハチ、後金（後の清国）を建国
1623（元和9）	秀忠大御所となり、家光が三代将軍となる	
1633（寛永10）	幕府、奉書船以外の海外渡航禁止（第一次鎖国令）	
1635（寛永12）	幕府、日本船の海外渡航と在外日本人の帰国および大船の建造禁止（第三次鎖国令）／寛永の武家諸法度（参勤交代制度確立）	
1636（寛永13）	長崎の出島完成	
1636		朝 初の朝鮮通信使、日本訪問。征夷大将軍に「日本国大君」号使用される
1637（寛永14）	島原の乱（～38）起こる	
1639（寛永16）	ポルトガルと断交（鎖国体制の完成）	
1641（寛永18）	幕府、オランダ商館を平戸から長崎出島に移す	
1642		欧 イギリスで清教徒革命起こる
1644		中 清、明を滅ぼす

1645	中 明の鄭芝龍、日本に援兵を求める（日本乞師）
1651（慶安4）	家光没、家綱四代将軍となる／慶安事件（由比正雪の乱）起こる／保科正之、末期養子の禁を緩和
1657（明暦3）	明暦の大火で江戸城天守閣焼失、以後再建されず／徳川光圀の命により『大日本史』編纂開始
1661	中 鄭成功、台湾を占領
1663（寛文3）	幕府、殉死を禁止する
1669（寛文9）	シャクシャインの戦い、アイヌ敗北
1680（延宝8）	家綱没、綱吉五代将軍となる
1685（貞享2）	幕府、初めて「生類憐みの令」を出す
1688（元禄元）	井原西鶴『日本永代蔵』刊行
1693（元禄6）	新井白石、徳川綱豊（後の六代家宣）に仕える
1701（元禄14）	赤穂藩主浅野長矩、高家筆頭吉良義央に刃傷（翌年、赤穂浪士吉良邸討ち入り）
1709（宝永6）	綱吉没、家宣六代将軍となる
1712（正徳2）	家宣没、翌年、家継七代将軍となる
1714（正徳4）	絵島生島事件起こる
1716（享保元）	家継没、吉宗八代将軍となる
1720（享保5）	町火消「いろは組」発足
1722（享保7）	小石川養生所設立／定免法を全国に施行
1732（享保17）	西日本を中心に大飢饉（享保の大飢饉）
1733（享保18）	江戸で初めての「打ちこわし」起こる
1742（寛保2）	公事方御定書制定
1745（延享2）	家重九代将軍となる
1748（寛延元）	大坂竹本座で、『仮名手本忠臣蔵』初演
1755（宝暦5）	宝暦治水事件（幕府より木曽三川治水事業を命じられた薩摩藩から多数の犠牲者が出る）
1757	欧 印 イギリスの東インド会社がインド全域で覇権確立
1758（宝暦8）	宝暦事件、竹内式部ら捕らわれる

	日本	諸外国 ※中＝中国 朝＝朝鮮 露＝ロシア 欧＝ヨーロッパ 米＝アメリカ 印＝インド
1760（宝暦10）	家重大御所となり、家治十代将軍になる	
1760		欧この頃から産業革命始まる（〜1830）
1762		露エカチェリーナ2世、ロシア皇帝に即位
1765		欧イギリス、ジェームズ・ワットが蒸気機関を開発
1767（明和4）	家治、田沼意次を側用人とする（1772年、老中に就任）／上杉治憲（鷹山）、上杉家の家督を継ぐ	
1776		米アメリカ独立宣言
1782（天明2）	天明の大飢饉始まる（〜87）	
1783（天明3）	漂流した大黒屋光太夫がロシア船に救助される	
1784（天明4）	下総国印旛沼干拓が本格的に始まる／田沼意知暗殺される	
1785（天明5）	林子平が『三国通覧図説』を発表／田沼意次、蝦夷の開発計画を立案	
1786（天明6）	家治没、翌年、家斉十一代将軍となる／田沼意次が老中を罷免され、蝦夷地開発計画は中止される	
1787（天明7）	松平定信老中となる／「御所千度参り」起こる	
1789（寛政元）	尊号事件起こる／クナシリ・メナシの戦い／棄捐令出る	
1789		欧フランス革命勃発（〜99）
1790（寛政2）	人足寄場設置／寛政異学の禁／旧里帰農令出る	
1792（寛政4）	林子平の『海国兵談』が出版禁止になる／ロシア公式使節アダム・ラクスマンが根室に来港、漂流民大黒屋光太夫らを返還	
1799		欧ナポレオン戦争が始まる（〜1815）
1804（文化元）	ロシア使節ニコライ・レザノフが長崎の出島に来航、通商を求めるも拒絶される	
1804		欧フランスでナポレオン・ボナパルトが皇帝に即位／欧オーストリア帝国成立
1806（文化3）	米国人ヘンリー・リーラーがアメリカ号にて来航、長崎で貿易する	
1807（文化4）	米国人ジョセフ・オカインがエクリプス号で長崎に来航するも拒絶される／米国人ジョン・デビッドソンがマウント・バーノン号で長崎に来航、干渉を受けながらも積荷をマカオに輸送／蝦夷地天領化	
1808（文化5）	英国軍艦フェートン号が国籍を偽り長崎に入港（フェートン号事件）	

1811（文化8）	松前藩が露人艦長ゴローニンらを捕縛、抑留する（ゴローニン事件）
1816	[米]中南米諸国がスペイン、ポルトガルから相次いで独立（～25）
1825（文政8）	異国船打払令発布
1828（文政11）	オランダの医師シーボルトが日本地図を持ち出そうとして、関係者が厳罰を受ける（シーボルト事件）
1833（天保4）	天保の大飢饉
1837（天保8）	家斉大御所となり、家慶が十二代将軍となる／大塩平八郎の乱／米国商人チャールズ・キングが音吉ら漂流民を送り届けるため浦賀に来航するが、異国船打払令に基づき日本側が砲撃（モリソン号事件）
1838（天保9）	薩摩藩の調所笑左衛門が、藩の家老となり財政を回復させる
1839（天保10）	蛮社の獄
1840	[中]清でアヘン戦争勃発（～42）
1841（天保12）	老中水野忠邦による天保の改革が始まる（～43）
1843（天保14）	長州藩家老村田清風が三十七年賦皆済仕法などの藩財政再建政策に取り組み、成果をあげる
1844（天保15）	オランダ国王ウィレム2世が幕府に開国を勧告するが、幕府はこれを謝絶
1846（弘化3）	ジェームズ・ビッドル率いる米国艦隊が浦賀に来航、通商を求めるも拒絶される
1850	[中]清で太平天国の乱が起こる（～64）
1851（嘉永4）	1841（天保12）年に遭難し渡米した漁民の中浜万次郎ら、米国船に送られて琉球に上陸
1852	[欧]フランスでナポレオン3世が皇帝に即位
1853（嘉永6）	米国の東インド艦隊司令長官マシュー・ペリーが米国大統領フィルモアの国書を携え浦賀に来航／家慶没、家定が十三代将軍に就任／プチャーチン率いるロシア艦隊が長崎に来航
1854（嘉永7）	ペリーが再度来航。3月3日、日米和親条約締結により日本は下田と箱館の二港を開港
（安政元）	日露和親条約締結
1855（安政2）	安政の大地震
1856（安政3）	ハリス、米総領事として下田に入港
1856	[中]清でアロー戦争（第二次アヘン戦争）勃発
1857（安政4）	下田条約締結。ハリス、江戸城に登城し、米国大統領ピアースの親書を将軍に渡す
1857	[印]セポイの乱が起こる

井沢元彦　MOTOHIKO IZAWA
作家。1954年２月、愛知県名古屋市生まれ。早稲田大学法学部を卒業後、TBSに入社。報道局社会部の記者だった80年に、『猿丸幻視行』で第26回江戸川乱歩賞を受賞。『逆説の日本史』シリーズは単行本・文庫本・ビジュアル版で累計550万部超のベスト&ロングセラーとなっている。『コミック版 逆説の日本史』は小学館のウェブマガジン「小説丸」で大好評連載中。近著に『日本史真髄』がある。

千葉きよかず　KIYOKAZU CHIBA
漫画家。1961年4月、静岡県御殿場市生まれ。高校卒業後、漫画家・村上もとか氏のアシスタントを経て、『赤いペガサスII・翔』で連載デビュー。主な代表作に『ソラモリ』(原作／村上もとか)、『DANCING THUNDER』などがある。

コミック版　逆説の日本史

江戸大改革編

2020年４月22日　初版第１刷発行
2023年11月25日　　　第２刷発行

著　者　井沢元彦、千葉きよかず
発行者　五十嵐佳世
発行所　株式会社 小学館
〒101-8001
東京都千代田区一ツ橋 2-3-1
電話　編集 03-3230-5126
販売 03-5281-3555
印刷所　TOPPAN株式会社
製本所　株式会社若林製本工場

ISBN978-4-09-388759-5